4차산업시대,
예술의 길

* 이 책은 2020학년도 홍익대학교 학술연구진흥비에서 지원되어 발간되었습니다.

4차산업시대,
예술의 길

김선영
지음

봄봄
스토리

4차산업시대,
예술의 길

"예술에 대한 말들이 지금처럼 무성했던 적이 없었거니와,
지금처럼 예술을 무시한 적도 없었다."

일찍이 니체(Friedrich Wilhelm Nietzsche)가 〈비극의 탄생〉에서 한 말
입니다. 마치 현재 예술이 처한 상황을 예견한 듯합니다. 기술의 발달
과 전 세계적인 경제의 급속한 발전은 예술 또한 그 규모 면에서 크게
성장할 것이라는 기대감을 높였습니다. 많은 이들이 노동시간의 감소
로 늘어난 여가시간을 예술로 채울 것이라 예상했기 때문입니다. 하
지만 전통적인 의미에서의 예술들 즉 순수, 기초 혹은 고급예술들의
상황은 반드시 그렇지만은 않아 보입니다. 오히려 순수예술 분야에
서는 예전의 화려했던 시절을 그리워해야 하는 처지에 놓인 장르들이
더 많습니다. 마치 프랑스의 '벨 에포크(belle époque)'[1]처럼 말입니다.

왜 그럴까요? 혹자는 비평에 결정적으로 의존할 수밖에 없는 예술
의 '자기지시성(self-referentiality)' 때문이라고 합니다(진중권, 2010). 예
술 수용자들은 작품 속에서 해석을 찾기 어렵기 때문에 철학적 반성
능력이 필요하다는 뜻입니다. 이를 달리 말하면 현대예술은 '해석 의
존적'이어서 이해하기 어렵다는 겁니다.

---

1) '좋은 시대'라는 뜻의 프랑스어. 19세기 말에서 20세기 초에 걸쳐 파리는 물랭루즈와 레스토랑
맥심으로 대표되는 문화예술이 번창하는 등 과거에 볼 수 없었던 풍요와 평화를 누렸다. 이후
외교적·경제적으로 쇠퇴하면서 1900년대 초의 파리를 그리워하며 이 시대를 '벨 에포크(belle
époque)'라고 불렀다(류은주, 2003).

또 어떤 사람들은 예술가 혹은 예술단체가 고집하는 공급자 위주의 생산방식을 지적하기도 합니다. 가령 근대 이후 사진의 등장에 대응하여 생겨난 구호인 '예술을 위한 예술'은 예술가로 하여금 소비자를 예전보다 훨씬 덜 의식하도록 만들었다는 것입니다.[2] 소비자를 생각하지 않는 예술이 소비자들로부터 소외되는 것은 어쩌면 당연한 귀결일 것입니다. 결과론적인 얘기긴 하지만 일각에서는 순수예술이 어려움에 빠진 것은 K-POP 등 대중예술과의 자원경쟁에서 패배하고 있기 때문이라고 진단하기도 합니다.[3]

예술이 현대사회에서 소외되는 보다 근본적인 이유로 시간이 많이 소비된다는 점은 또 어떻습니까. 바쁜 일상을 살아야 하는 현대인에게 시간은 그 무엇보다 귀중한 자산입니다. 트렌드 분석가 페이스 팝콘(Faith Popcorn)은 모든 것을 하길 원하는 현대인이 진정으로 원하는 것으로 '시간절약'을 들었습니다. 린더효과(Linder Effect)[4]를 굳이 거론하지 않더라도 충분히 공감이 갑니다. 미국 국립예술기금(NEA)의 최근 조사결과에서도 예술행사에 참여하지 못하는 걸림돌로 경제적 여유(38%)를 제치고 시간 소모(47%)가 첫 번째로 꼽혔습니다.

2) '예술을 위한 예술' 이론에 의하면 예술은 그 존재에 의해서 정당화될 수 있으며, 어떠한 사회적 목적에 봉사하지 않고 또 해서도 안된다. 다시 말해 '예술을 위한 예술'은 예술 외적인 사실과는 어떠한 관계도 가지지 않고, 시인(예술가) 개인의 관점을 표출한 것에 지나지 않는다는 것을 주장하는 이데올로기이다. 그런데 에른스트 피셔 등(1985)에 따르면 '예술을 위한 예술'은 점점 신비화되고 소원(疏遠)해지는 시장 구조에 대한 예술 생산 담당자들의 반응이 빚은 결과에 불과하다.
3) 신동엽(2016)은 우리 순수예술에 가장 심각한 위협은 한류 대중예술, 그중에서도 특히 K-팝이라고 주장하였다. 그에 따르면 자원 니치 중복(resource niche overlap)과 경쟁의 관점에서 이와 같은 경쟁구도, 즉 순수예술과 대중예술 간 자원경쟁은 크게 소비자 자원, 생산자 자원, 매개자 자원, 그리고 공공자원 등 네 분야에서 모두 일어나고 있다(김선영, 2017, 재인용).
4) 린더효과(Linder Effect)는 공연소비가 시간집약적으로 이루어짐으로써 소득증가에 따른 소비 증대 효과가 상쇄되는 현상으로 Staffan B. Linder에 의해 1970년 제기된 개념이다.

시각예술의 사례를 들어보죠. 미술관에 관한 연구들에 의하면 관람객의 체류 시간은 평균 1시간을 넘지 않습니다. 게다가 각각의 전시물을 관람하는 시간은 대개 30초 미만으로 분석되고 있으며 심지어 9.3초에 불과하다는 연구결과도 있습니다(이보아, 2018). 그러나 미술관에 한 번 방문하려면 왕복 시간까지 고려한다면 최소 2~3시간 이상을 소비해야 합니다. 여기저기 산재해 있는 화랑을 들를 때도 마찬가지입니다. 요즘같이 속도가 지배하는 시대에 대부분의 사람들에게는 엄청난 비효율로 다가올 수 있습니다. 더욱이 미술관엘 가려면 다리와 발의 통증(museum leg syndrome)을 비롯해서 오랜 시간 동안의 감상에서 오는 인지적 피로감 등 소위 '미술관 피로(museum fatigue)'도 감수해야 합니다. 사정이 이렇다 보니 관람빈도가 낮은 관람객들일수록 미술관과 화랑은 더욱 멀게 느껴질 수밖에 없습니다.

예술 분야에서도 4차산업혁명의 주요 기술 혹은 범용기술(General Purpose Technology)과의 접목이 활발해지고 있는 요즘입니다. 기술의 발전에 따라 예술이 그동안 처해 왔던 여러 장애요인들을 극복하는 기회를 포착하게 된 것입니다. 일례로 가상현실은 원격현전(telepresence)의 구현을 통해 감상자의 물리적 거리를 좁히며 시간 단축을 통해 예술을 소비자들에게 한 걸음 더 다가갈 수 있도록 합니다. 가상미술관[5]과 구글의 아트 팔레트(Art Palette)[6] 등이 대표적인 사례입니다.

미디어아트 이론가 로이 에스콧(Roy Ascott)은 이러한 예술을 텔레프레즌스 아트(Telepresence Art)라고 불렀습니다. 컴퓨터와 통신망 기술

---

[5] 가상미술관의 대표적인 사례로 '구글 아트 프로젝트(Google Art Project)'를 꼽을 수 있다. 구글 아트 프로젝트는 전 세계의 걸작들을 온라인에서 고화상도로 감상할 수 있는 서비스이다. 2011년 테이트 갤러리(런던), 메트로폴리탄 뮤지엄(뉴욕), 우피치 미술관(피렌체) 등 세계 17

을 이용하여 창조적인 참가의 장을 지구상에 확장하고자 하는 새로운 의식, 이른바 '지구 의식(global consciousness)'의 개척을 도모하는 예술 표현을 의미합니다.

물론 원격현전에 의한 예술은 소비자에게 단지 편리만을 가져다주는 데 그치지 않습니다. 원격현전은 거리의 제약을 넘어 관람객의 능동적 참여와 예술가와의 상호작용을 적극적으로 이끌어냅니다. 따라서 원격현전은 예술이 기존의 의례가치나 전시가치 대신, 또는 거기에 더해 조작가치를 가지게 하는(신성열, 2011; 박상숙, 2012; 이보아, 2018) 요인 중 하나입니다. 오스트리아의 뉴미디어 이론가 피터 바이벨(Peter Weibel)은 현대의 매체예술을 전통적인 예술작품과 비교하고 두 예술의 가장 큰 차이로 '움직이는 이미지'[7]를 들었습니다. 이 시대의 예술은 이른바 영리한 군중(smart mob)[8]을 대상으로 '움직이는 이미지'로 변신하고 있습니다. 바야흐로 예술이 그동안의 소외 국면에서 과연 벗어날 수 있을지 주목해야 할 때입니다.

개 미술관과의 럽력을 통해 런칭했다. 전 세계 40개국 이상의 미술관에 소장된 4만 점 이상의 작품을 고해상도 이미지로 제공한다. 국가, 도시, 작가, 작품, 미술관, 컬렉션뿐만 아니라 인물, 재료, 역사적 사건에 이르기까지 원하는 대로 카테고리별 검색이 가능하다. 또한, 실제 미술관을 걸어 다니는 것처럼 360도로 회전하면서 감상하는 가상현실도 체험할 수 있다. 특히 육안으로 감상할 때 볼 수 없었던 부분까지도 확인이 가능하다. 수퍼카메라로 촬영된 104억 기가픽셀(giga pixel)의 초고화질 이미지는 관람객으로 하여금 작품의 재질과 붓 터치는 물론 물감의 미세한 균열까지 생생하게 감상할 수 있게 해 준다(김선영, 2018).

6) 구글의 '아트 앤드 컬처 연구소'(Arts and Culture Lab)가 2018년 초 라이프 택(Life Tags), 모마 툴(MoMA tool) 등과 함께 공개한 인공지능과 머신러닝을 이용한 문화프로젝트 중 하나. 아트 팔레트는 사진 속의 피사체들의 색감에 맞는 그림을 전 세계 미술관 소장자료에서 검색해주는 툴이다. 사진 속의 인물과 흡사한 인물화를 전 세계 미술관 소장자료에서 검색해주는 구글의 기존 서비스와 유사하지만, 피사체를 인물이 아닌 사물이나 풍경 전체로 확장하고, 검색결과를 색상으로 확대했다(연합뉴스, 2018.3.8.). 직접 촬영한 사진을 올려서 원하는 색채를 매치할 수도 있다.

7) '움직이는 이미지'는 단순한 동영상의 의미가 아니라 '변형 가능한 이미지'를 의미한다(박영욱, 2008).

8) 라인골드(Rheingold, 2002)는 정보화 시대 새로운 행동주의의 첨병으로서 스마트폰, 웹, 소셜미디어 등으로 무장한 대중을 '영리한 군중'으로 명명했다. 그들은 네트워크 기기를 기반으로 막강한 권력을 가지며 첨단 정보와 지식으로 무장하면서도 감성에 호소하는 집단감성을 가지고 있다(유승호, 2019).

4차산업시대, 예술의 길

필자는 2018년에 펴낸 졸저 〈예술로 읽는 4차산업혁명〉을 통해 인공지능부터 사물인터넷, 증강현실, 가상현실, 3D프린팅, 드론 등과 결합한 새로운 예술의 생산과 유통 양상을 간략하게 소개한 바 있습니다. 우선 사물인터넷(IoT) 예술은 센서를 통해 사물의 움직임이나 사람의 활동 내지 생각을 포착해 작품화하는 예술입니다. 지구촌의 날씨를 표현하는 설치작품인 미국 산호세 공항의 〈이클라우드(eCLOUD)〉, 미니애폴리스 시민들이 트위터에 작성한 글들에서 추출한 감정 상태를 거대한 LED조명으로 표현하는 프로젝트인 〈미미(MIMMI)〉, 베를린 시민들의 얼굴을 카메라로 관측하여 실시간 감정 데이터의 평균값을 이모티콘(smiley)으로 표현하는 〈기분을 보여주는 가스탱크(Stimmungsgasometer)〉 등이 대표적 사례입니다.

증강현실(AR)을 이용한 예술은 실제 세계에 3차원 가상객체를 혼합하여 실제 세계와 가상세계의 실시간 상호작용을 가능하게 합니다. 아무것도 없는 하얀색 전시대(展示臺)에 스마트폰이나 패드를 대면 금송아지가 나타나는 제프리 쇼(Jeffrey Shaw)의 〈금송아지(1994)〉라는 작품이 대표적입니다. 유사한 사례로 스페인 출신 미디어 아티스트 파블로 발부에나(Pablo Valbuena)의 〈증강된 조각(Augmented Sculpture series)〉은 국내에도 여러 번 소개되었습니다.

하지만 무엇보다 예술과 4차산업혁명 기술의 접목에서 **빼놓을 수 없**는 관심사는 인공지능 예술입니다. 과연 인공지능은 사람과 같은 창의력으로 예술작품을 만들어 낼 수 있는가? 그래서 마침내 지구상의 유일한 예술창조자로서의 예술가의 입지를 흔들고야 말 것인가? 17세기를 대표하는 화가 렘브란트와 유사한 화풍의 그림을 그려낸 '넥스트 렘브란트(The Next Rembrandt)' 프로젝트나 '바울과 e다윗(Paul & eDavid)'을 비롯해 수없이 등장하는 인공지능 드로잉 로봇들을 볼 때마다 인공지능

예술가의 가능성-창조성에 대해 찬반양론이 펼쳐지곤 합니다.

그러나 이러한 논쟁 자체가 다분히 공급자적 관점입니다. 가령 앞으로 인공지능이 만든 예술과 사람이 만든 예술의 구별은 갈수록 의미가 없어질 것으로 보입니다. 로이 에스콧(Roy Ascott)의 말대로, 수요자의 입장에서 보면 나비가 이 꽃에서 저 꽃으로 날아다니며 꽃가루를 퍼뜨리고 꿀을 얻듯 인공지능의 예술과 인간의 예술 사이를 오가야 하는 시대가 펼쳐질 것입니다.

이밖에 〈예술로 읽는 4차산업혁명〉에서는 군집비행 등 드론으로 만드는 예술, 3D프린팅에 의한 예술민주주의 가능성, NT라이브와 MET오페라로 대표되는 공연영상화(the visualizing performing arts) 등을 소개한 바 있습니다.

이 책은 〈예술로 읽는 4차산업혁명〉의 속편이라고 할 수 있습니다. 전작에서의 아쉬움을 보완하고 못다 한 이야기를 하고 싶었습니다. 우선 인공지능 예술은 끊임없이 탐구해야 하는 주제입니다. Chapter 1과 2에서는 모라벡의 역설(Moravec's Paradox)과 폴라니의 역설(Polany's Paradox)'의 붕괴 여부에 대한 사유를 통해 인공지능 예술의 확장 국면을 나름대로 진단해봅니다. 향후 펼쳐질 인공지능 시대에 인간답게 살기 위한 방안을 고찰해 보는 게 주목적입니다. 니체가 진리보다 중요한 것이라고 했던 바로 그 예술을 통해서 말입니다. 이어 Chapter 3, 4는 필자가 '공중예술(Air Arts)이라고 이름 붙인 드론에 의한 예술에 관한 장으로 서커스, 불꽃놀이 등과 비견되는 새로운 예술 장르의 가능성에 대한 탐구입니다. Chapter 5에서는 최근 각광받고 있는 구글의 틸트 브러시(Tilt Brush)를 활용한 퍼포먼스에 주목하고 예술민주주의(Arts by All)의 단초를 상상해 봅니다. 이어 Chapter 6에서는 바이오아트의 현황을 간략하게 살펴봄으로써, 보다 이해하기 쉬운 예술의 가능성을 가늠해 봅니다.

Chapter 7은 평창올림픽에 등장한 인면조를 모티브로 하여 키네틱아트(Kinetic Art)의 가능성을 함께 생각해보는 장입니다. Chapter 8에서는 버닝아트(Burning Art)를 소개하면서 홀로그램이 본격적으로 구현되는 미래를 상상해 보았습니다. 또한 Chapter 9와 Chapter 10은 이머씨브씨어터(Immersive theater)와 기술과 접목된 뮤지컬 공연의 최근 추이와 대안의 모색을 담았습니다. Chapter 11에서는 최근 화제가 된 바 있는 5G통신을 예술에 활용하는 방안에 대해 합창을 중심으로 탐색해봅니다.

이어서 Chapter 12은 최근 정부에 의해 활발하게 전개되고 있는 문화도시 지정사업과 관련하여 빅데이터(Big Data)를 활용한 문화도시의 거버넌스 구축 방안을 논하는 장입니다. Chapter 13에서는 도시화가 가속화되는 가운데 이에 대한 대응책이라 할 수 있는 스마트도시(Smart City) 사업에 예술을 입힐 것을 제안해 보았습니다. 마지막으로 Chapter 14는 지방화 시대에 지역 예술의 활성화 방안으로 4차산업혁명기술과의 접목을 통해 중국 지역문화를 전세계에 소개하여 큰 호응을 얻고 있는 중국 장예모 감독의 사례를 소개하는 장입니다.

과거에도 기술과의 융합을 시도한 예술은 많았습니다. 그러나 대부분 일시적인 호기심과 경이감에 호소하다가 사라진 경우가 적지 않았습니다. 기술과 속도를 숭배했던 미래파(Futurism) 예술이 대표적일 수 있을까요? 현재 우리 앞에 펼쳐지고 있는 다양한 '기술융합예술'을 바라보는 시선 중에는 과거의 전철을 되풀이할 수 있다는 회의론이 만만치 않은 것도 사실입니다. 물과 기름처럼 기술과 예술이 제대로 융합되지 않은 채 기술력 홍보이벤트를 보는 건지 예술작품을 보는 건지 감상자로 하여금 헷갈리게 만드는 작품도 많습니다. 어설픈 꿰어 맞추기식 접목으로 인해 작품의 수준만 떨어뜨린다는 비난의 화살이 쏟아지기도 합니다.

　물론 이러한 작품들은 점차 시간이 지나면서 스스로 도태되든지 아니면 생존을 위한 진화를 할 것입니다. 그러나 어느 경우든 한 가지 확실한 건 근대 이후 대중들로부터 소외를 경험하고 있는 예술이 첨단기술과의 융합으로 인해 다시 재기를 모색하고 있다는 사실입니다. 예술사회학자 아놀드 하우저(Arnold Hauser, 1983)는 예술은 본질적으로 커뮤니케이션이자 정보라고 했습니다. 말을 건네는 행위(Ansprache)이기도 하지만 궁극적으로 말을 주고받는 행위(Aussprache)라는 것입니다. 오늘날 예술은 기술을 통해 이러한 본질에 접근할 수 있는 기회를 다시 한번 맞고 있습니다.

　임학순 교수(2010)는 환경변화에 따른 예술 유통의 키워드로 '소셜 마케팅 활성화, 향유자의 마케팅 파워 증대, 새로운 소통환경 마련, 마케팅 정보의 다양화, 프로슈머의 마케팅 전략, 컨버전스 마케팅 등을 든 바 있습니다. 그러나 이는 디지털 미디어의 확장에 따른 것으로 인공지능, 사물인터넷, 드론, 생명공학, 블록체인 등 보다 발전된 4차산업혁명 기술들이 다양하고 눈부시게 등장하는 이 시대 그리고 미래에는 더욱더 새롭고 다양한 측면에서 예술의 유통이 이루어질 것으로 보입니다. 그래서 사실 이 책은 예술의 창작보다 예술의 유통에 더욱 주목하며, 그 방향성과 희망 탐구의 기초작업이라고 할 수 있습니다.

　예술은 '엥프라멘스(Inframince, 미세한 차이)'라고 했던 뒤샹(Marcel Duchamp)의 말에 공감합니다. 필자를 포함한 보다 많은 사람들이 인간의 예술과 기계에 의한 예술 간의 '엥프라멘스'를 구별해 내는 능력을 갖게 되기를 바래봅니다. 아울러 인간예술과 기계예술 둘 사이의 공간을 나비처럼 왕래하며, '그곳의 미술관을 걷는 이곳의 관람객'이 되는 시대를 꿈꾸어 봅니다. 오랫동안 '신의 말씀' 또는 우주적 진리를 담고 있는 '숭고한 물건'이었던 책은 인쇄술의 발명으로 대중적으로 보급될 수 있었습니다(김동식, 2010). 그러한 사건이 4차산업혁명 시대를 맞아 예술에도 일어나기 바랍니다. 무릇 예술은 항상 어떤 목표에 도달해 있으며(A. Hauser, 1983), 우리 모두는 도구제작자, 기술자, 과학자이기 이전에 이미지와 언어의 제작자, 꿈꾸는 자, 그리고 예술가(Lewis Momford, 2011)이기 때문입니다.

예술의 일상화를 꿈꾸는 예술경영 학도로서 그 단초가 될 수 있는 예술과 기술의 융합에 대한 사례를 함께 나누고 공유해야 한다는 강박관념에 또 한 권의 책을 엮어 봅니다. 이 책은 〈예술로 읽는 4차산업혁명〉의 속편인 만큼 전작에 나오는 사례들이 여러 차례 재등장할 수 있다는 데 대해 독자 여러분의 혜량을 바랍니다.

부족한 후배에게 늘 염려과 함께 지원을 아끼지 않으시는 홍익대 성열홍 교수님과 지면을 할애해 주셨던 테크엠(Tech M) 관계자 여러분, 이 책이 발간되는데 도움을 준 봄봄스토리 출판사와 작가 강석태님께 감사드립니다. 그리고 이 책의 부분을 채우는데 함께 연구했던 태혜신 교수님과 최유정 연구원 그리고 홍익대 석사과정의 이자미님에게도 깊은 고마움을 전합니다.

기흥 어느 '사이공간'에서

김 선 영

CONTENTS

4차산업시대,
예술의 길

인공지능 시대,
사람 사는 세상 만들기

✳

2004년에 개봉한 영화 〈아이, 로봇(I, Robot)〉은 인공지능과 사람이 공존하는 2035년의 지구를 배경으로 한 작품이다. 20세기 최고의 과학소설가로 꼽히는 아이작 아시모프(Issac Asimov, 1920-1992)의 소설이 원작이다. 이 영화에서 로봇혐오론자로 나오는 주인공 윌 스미스(Willard Carroll Smith II)가 로봇 써니에게 곤혹스러운 질문을 연이어 던진다.

"너는 교향곡을 작곡할 수 있어? 걸작 그림을 그릴 수 있어?"

그러자 써니는 스미스의 도전적인 태도에 아랑곳하지 않고 천연덕스레 되묻는다.

"(그렇다면) 너는 할 수 있니?"

4차산업혁명의 거센 물결 속에서 예술 분야의 가장 큰 화두 중 하나는 아무래도 '인공지능 예술가'라고 할 수 있다. 사람만의 전유물로 여겨졌던 예술적 창조력을 과연 인공지능이 발휘할 수 있을지가 논란의 핵심이다. 불과 몇 해 전만 해도 인공지능과 창의성은 별개의 영역처럼 보였다. 2011년 IBM의 인공지능 슈퍼컴퓨터 왓슨(Watson)이 미국 ABC의 프로그램 '제퍼디(Jeopardy)'에 출연해 퀴즈챔피언이 될 때 많은 사람들에게 경이로움을 준 바 있다. 그러나 사람보다 기억력이 더 뛰어난 기계의 등장을 충격으로 바라보았을 뿐, 인공지능이 창의력을 발휘했다고 여기지는 않았던 듯하다.

특히 예술분야에서는 인공지능의 창조력을 믿지 않는 분위기였다. 1956년 미국의 일리노이대학에서 컴퓨터 '일리악(ILLIAC)'으로 〈현악 4중주를 위한 일리악 조곡〉을 만든 이래,[9] 1990년대에 인공지능 작곡가 뮤작트가 탄생했을 때까지도[10] 오늘날과 같은 '인공지능 예술가' 자격으로서 대중들의 관심을 끌지는 못했다. 이들은 모두 사람이 만든 기존 음악들 속에서 음악 창작의 규칙을 뽑아내는 것에 불과했기 때문이다. 즉 인공지능이 만든 곡에는 기존에 없는 음악창작의 규칙이 있을 수 없다(김형찬, 2015). 또한, 일본에서 만든 연극 〈사요나라〉의 로봇 주인공 '제미노사이드F'나 스페인의 유명 안무가 블랑카 리(Blanca Li)의 작품에 등장한 로봇 무용수가 등장할 때도 그랬다. 그들은 단지 사람이 만든 프로그램으로 움직이는 '자동화기계(automated machine)'에 불과했다.

---

9) 일리악은 '마르코프 체인'이라는 통계 모델을 이용하여 작곡했다. 마르코프 체인은 구 소련의 수학자 안드레이 마르코프가 도입한 확률 과정의 일종으로, 각 시행의 결과가 바로 앞의 시행의 결과에만 영향을 받는 일련의 확률적 시행을 말한다. 일리악은 이러한 마르코프 체인을 12개 음에 적용하여 멜로디를 구성했다(김형찬, 2015).

10) 마르코프 체인을 사용한 음악이 사람들의 심리와 정서에 맞지 않자 1960년대에 H. 사이먼과 M. 민스키 등은 기존의 음악 작품들에서 뽑아낸 작곡 패턴을 사용하기 시작했다. 이후 1970년대에는 J.A. 무어러나 G.M. 레이더의 프로그램과 같이 조성을 바탕으로 한 인공지능 작곡 프로그램이 개발되었다. 1990년대 들어 D.A. 레비트는 음악 스타일에 따른 작곡을 시도했다. 이어 J. 바루차는 '뮤작트'라는 프로그램을 통해 신경 네트워크를 이용하여 음악 화성 모델을 학습할 수 있도록 했다(김형찬, 2015).

11) 딥러닝(Deep Learning)은 컴퓨터가 사람의 뇌처럼 사물이나 데이터를 분류할 수 있도록 하는 기계학습 기법이다. 사람이 분류 기준을 입력하는 다른 기계학습과 달리, 컴퓨터 스스로 분류하게 하는 비지도 학습(Unsupervised Learning) 방식을 사용한다(다음백과). 딥러닝이 다른 기계학습 방법들을 압도할 정도로 좋은 성능을 보인 이유는 바로 특징값 학습(representation learning)에 있다. 기계학습의 단점 중 하나는 좋은 특징값을 정의하기가 쉽지 않다는 점이었다. 딥러닝은 여러 단계의 계층적 학습 과정을 거치며 적절한 특징값(입력

인공지능이 만든 예술작품 등장으로 무너진 고정관념

그러나 딥러닝(Deep Learning)[11] 기술로 새로운 작품을 만들어내는 구글의 '딥드림(Deep Dream)'[12]이나 렘브란트풍의 그림을 그리는 '넥스트 렘브란트(Next Rembrandt)'와 같은 프로젝트가 연이어 등장하면서 인공지능예술가에 대한 고정관념의 둑이 무너지기 시작했다. 인공지능이 쓴 〈컴퓨터가 소설을 쓰는 날〉이 일본의 호시신이치 문학상 1차 심사를 통과하고, 단편영화 〈선스프링(Sun Spring)〉이나 뮤지컬 〈비욘드 더 펜스(Beyond the Fence)〉 등 인공지능 작품의 등장 역시 사람만이 유일하게 예술적 창의성을 가질 수 있다는 믿음을 흔들리게 한다.

게다가 아직까지는 양적인 면에 국한되기는 하지만 작품제작 능력 면에서 인공지능이 사람을 뛰어넘는 경우도 생겨나고 있다. 구글의 마젠타(Magenta)와 바하 스타일의 음악을 만드는 쿨리타(Kulitta), 소니의 플로우-머신즈(Flow-Machines), 스페인 말라가대학의 야무스(Iamus)와 같은 작곡능력을 가진 인공지능은 하루에도 수백 곡을 작곡할 수 있다고 한다.[13] 또한, 왓슨은 영화 〈모건〉의 예고편을 하루에 무려 10편이나 만들어 내기도 했다.

인공지능 예술가는 실수도 거의 하지 않는다. 영국 예술학교인 센트

값)을 스스로 생성해낸다. 이 특징값들은 많은 양의 데이터로부터 생성할 수 있는데, 이를 통해 기존에 인간이 포착하지 못했던 특징값들까지 데이터에 의해 포착할 수 있게 되었다. 딥러닝은 마치 인간이 사물을 인식하는 방법처럼 컴퓨터의 계층적 추상화를 가능하게 하였다는 점에서 인간의 사물 인식하는 방법과 유사하다고 알려져 있다(엄태웅, 2018; 태혜신·김선영, 2019, 재인용).

12) 구글의 인공지능 '딥드림(Deep Dream)' 프로젝트는 '딥러닝(deep learning)'을 시각 이미지에 적용한 기술이다. 결과물이 마치 꿈을 꾸는 듯한 추상적인 이미지를 닮았다고 해서 '딥드림'이라고 부른다(최병학, 2018).

13) 야무스(Iamus)의 작곡 모듈은 기본 표현을 만드는 데 평균 1초 미만, 완전한 구성을 작곡하는 데 8분이 걸린다(위키피디아).

럴세인트마틴(Central Saint Martins)의 샬롯 노드먼이 개발한 '도자기 빚는 인공지능'은 좀처럼 순간의 잘못으로 찰흙을 망치지 않는다. 일본의 록밴드 지머신즈(Z-Machines)의 연주 스피드는 사람보다 앞선다는 평가이다.[14] 4개의 팔과 8개의 스틱을 가진 마림바 연주 로봇인 시몬(Shimon)은 정확도에서 사람보다 나은 데다가 최근에는 작곡 능력까지 겸비했다는 소식이다.

그러나 인공지능의 창의성에 대해서는 여전히 입장이 갈린다. 창의성이 기존의 것을 모방하고 조합해서 새로운 것을 만들어내는 능력이라고 한다면[15] 인공지능도 창의성을 가진 존재임을 부인하기 어렵다. 하지만 창의성을 어떤 목적을 가지고 의도적으로 무언가를 고안해내는 것이라고 했을 때는 사정이 달라진다. 인공지능은 어떠한 욕구나 욕망이 없으며, 따라서 목적도 없다. 그들이 무엇을 하든 간에 그것은 사람의 지시에 따른 것에 불과하다. 그래서 어떤 이는 그들의 지능을 '낯설다'고 표현한다. 사람의 지능과는 본질적으로 다른 '낯선 지능'! 적어도 아직까지 인공지능은 스스로 목적의식을 가지고 창조하지 않는다. 이를 달리 말하면 인공지능은 기억을 엮는 일, 즉 망각과 해석을 해내는

---

14) 2013년에 동경의 'Future Party'에서 데뷔한 지머신즈의 기타리스트 마치(March)는 BPM 130~150정도면 상당히 빠른 연주라는 사람보다 약 7배 속도인 BPM 1000으로 연주가 가능하다. 이는 78개의 손가락과 12개의 피크를 가지고 있기 때문이다. 또한, 드러머인 아슈라(Ashura)는 22개의 드럼스틱으로 사람보다 4배 빠르게 연주할 수 있다.

15) 창의성에 대한 정의는 다양한데, 예를 들어 Amabile(1985)은 개인의 전문지식을 기반으로 새롭고 유용한 해결책이나 아이디어의 산출을 창의성이라고 정의하였다. Woodman, Sawyer, & Griffin(1993)은 복잡한 사회시스템에서 함께 일하는 개인들에 의해 가치 있고 유용한 새로운 제품, 아이디어, 절차, 혹은 과정을 창조하는 것을 창의성으로 보았으며, Plucker(2004)는 개인 또는 집단이 사회적 상황 속에서 새롭고 유용하다고 판단되는 결과물을 생산하는 과정이라고 정의하였다(박정원·손승연, 2016). 이보다 앞서 길포드(Joy Paul Gilford, 1950)는 "창의력이란 주어진 사물이나 현상에 대해 새로운 시각에서 다양한 아이디어나 산출물을 표현하는 능력"으로 정의했다(박은실, 2018).

일에는 무능하다. 생각 떠올리기(ideation)만큼은 인공지능의 영역을 벗어난다는 것이다(유승호, 2019).

사실 창의성에서 지능보다 더 중요한 것은 직관(intuition)이다. 스티브 잡스(Steve Jobs)도 지능보다는 직관력이 뛰어난 사람이 위대한 창조를 한다고 강조한 바 있다. 직관이야말로 저 우주 어딘가에서 뚝 떨어진 것 같은, 이 세상에 있을 법하지 않는 창조의 원천이다. 직관은 감관의 작용으로 직접 외계의 사물에 관한 구체적인 지식을 얻는 것이다. 나아가 철학에서의 직관은 감각과 경험, 연상, 판단, 추리 따위의 사유 작용을 거치지 않고 대상을 직접 파악하는 작용을 일컫는다.

인공지능에게는 바로 이 직관이 없다. 단지 데이터를 읽는 장치만 있을 뿐이다. 물론 그들은 경험하고 연상하며 판단하고 추리할 수 있다. 하지만 그것은 감각에 의한 것이 아니라 사람이 입력한 데이터에 의한 것이다. 이런 측면에서 인공지능은 진정한 창조력을 갖고 있지 않다고 할 수 있다. 한발 양보해서 설령 있다 하더라도 사람의 '엉뚱한' 창조력에는 미치지 못한다. 적어도 그들에게 인류의 인식을 바꾸고 사람들에게 뜨거운 감동을 선사하는 예술작품을 기대하는 것은 어려운 일인 셈이다.

전문가도 구별하기 어려운 인공지능 예술

그러나 인공지능의 창조력 보유 유무보다 우리가 더 주목해야 할 현실이 있다. 바로 대부분의 일반인은 인공지능 작품과 사람 작품을 쉽게 구별해 내지 못한다는 것이다. 앞에서 얘기했던 진짜 렘브란트의 작품과 인공지능 프로젝트인 넥스트렘브란트가 만든 그림을 보여주고 둘을 구별하라고 하면 웬만한 사람이면 아직까지는 쉽게 구별한다. 2016

년 열렸던 모차르트와 인공지능 작곡가의 대결 이벤트에서 이루어졌던 작품에 대한 선호도 설문조사에서도 정말 다행스럽게도 2배 가까운 사람들이 진짜 모차르트의 작품 손을 들어줬다. 하지만 여기까지다.

이후 사람들은 갈수록 사람과 인공지능의 예술을 구별해 내는 데 애를 먹고 있다. 로봇기술자이자 아티스트인 패트릭 트레셋(Patrick Tresset)의 '바울과 e다윗', 타이완국립대학팀의 '타이다(TAIDA)', 조지 워싱턴대의 '클라우드페인터(CloudPainter)'와 같은 수많은 인공지능 화가들이 등장하면서(최은수, 2017)[16] 출처를 밝히지 않으면 그저 조금 수준이 낮거나 이름이 알려지지 않은 예술가의 작품으로 생각하는 경우가 많아졌다. 인공지능 작곡가의 작품 역시 마찬가지다.

그런데 일반인만 인공지능 예술가와 인간 예술가를 구별하지 못하는 게 아니다. 인공지능이 쓴 시와 사람이 지은 시를 보여주고 이를 구별하게 하는 최근 실험 결과는 충격에 가깝다. 인공지능이 쓴 시가 더 좋다고 응답한 비율이 이미지가 있는 시는 49%, 이미지가 없는 시는 45%였다. 사실상 구분을 거의 못한다는 얘기다. 그런데 문제는 전문가 역시 40%, 43%로 일반인과 큰 차이를 나타내지 못했다는 것이다. 시라는 특수성을 감안하더라도 이쯤 되면 인공지능을 활용한 가짜 예술가들이 판을 칠 수도 있다는 가정도 허황된 얘기는 아니다. 그 결과로서 '예술 회의론'이나 예술 소외가 더욱 심화될 수 있을지도 모른다는 걱정도 괜한 것만은 아닌 것이다.

---

16) 타이완국립대학팀의 로봇화가 타이다(TAIDA)는 2016년 5월, 세계 최초로 열린 학생 대상 로봇 아트 콘테스트(Robot Art contest)에서 아인슈타인 초상화를 그려 1등을 차지했다. 조지 워싱턴대의 로봇화가 클라우드페인터(CloudPainter)가 사진 '보니와 코린(Bibbue and Cornne)'을 그대로 그림으로 재현해내 2등을 수상했다(매일경제, 2017.2.13.).

헤겔(Georg Wilhelm Friedrich Hegel)은 철학자의 입장에서 예술의 역할이 이미 끝났다며 다음과 같이 말한 바 있다.

"예술은 옛 시대에 여러 민족들이 그 속에서 추구하고 발견했던 것과 같은 만족을, 적어도 종교적인 측면에서 예술과 가장 내밀하게 관련되었던 만족을, 이제는 더 줄 수 없다. 고대 그리스 예술의 아름다웠던 시절과 중세기 후반의 황금시대는 이미 지나갔다. … 예술을 그 최고의 규정 측면에서 바라볼 때 우리에게 예술은 사실 이미 지나간 과거의 것이고, 과거적인 것으로 머문다."

요컨대 예술은 오래전에는 종교에, 그리고 근대에 와서는 철학에 그 임무와 역할을 물려줬으며, 따라서 예술의 시대는 끝났다는 얘기다.

진짜 예술에 친숙해져야 인공지능 예술 구별 가능

이와 같은 철학적 수사가 아니더라도 예술은 현대에 와서 대중과의 단절을 실제로 경험하고 있다. 〈예술의 위기〉을 쓴 프랑스의 철학자 이브 미쇼(Yves Michaud, 1999)는 아방가르드 이후 현대예술의 위기를 진단한 바 있다. 그가 자신의 주장을 뒷받침하려고 인용했던 당대의 유명 예술가들과의 인터뷰를 요약하면 이렇다.

"현대 예술은 권태스러우며(도메크, 클레르, 르 보트, 몰리노, 세나), 미학적 감동을 주지 않고(도메크, 클레르, 세나), 공허와 아무것도 아님을 감추는 지적인 사기의 효과다(보들리야르, 도메크). 심지어 현대 예술은 내용이 없으며(세나, 도메크, 보들리야르), 어떠한 것과도 닮지 않았고(도메크, 클레르, 세나), 어떠한 예술적 재능도 요구하지 않으며(몰리노, 르 보

트, 세나), 미술관의 보호 아래서만 존재한다(도메크, 클레르). 결국 현대
예술은 그것을 전혀 이해하지 못하는 대중과 단절되어 있다."

보다 현실적인 우려는 예술의 양적 팽창과 경계의 모호성에서 비롯
된다. 보들리야르(J. Baudrillard)는 일찍이 너무 많은 예술로 인해 예술
이 사라질 수 있다고 경고했다. 모든 것이 다 예술이라고 한다면 딱히
예술이라고 할 만한 게 없다는 얘기다. 미국의 미술비평가 겸 철학자
인 아서 단토(Arthur Danto, 2004) 역시 〈예술의 종말 이후〉에서 예술과
비예술의 경계가 허물어지면서 사실상 모든 것이 예술이 되는 경향이
나타나고 있다고 주장했다.

그런데, 4차산업시대를 맞아 예술은 창작과 유통 면에서 많은 기회
를 맞고 있음은 분명하다. 새로운 표현방법과 도구를 가지고 더욱 창
의적인 예술을 표현할 수 있을 뿐 아니라 새로운 형식의 예술 또한 만
들어질 수 있다. 또 더 많은 사람들에게 예술을 유통시킬 수 있는 수
단도 생겨나고 있다. 하지만 이를 받아들이는 향유자들을 설득하려는
노력이 없다면 아무런 효용이 없다. 그뿐만 아니라 자칫하다가는 오
히려 예술의 입지는 더욱 좁아질 수도 있다. 이제 예술은 다시 한번 기
로에 서 있다.

2017년 가을, 이태리 피사(Pisa)에서 이색적인 음악회가 열렸다. 인
공지능 지휘자 유미(YuMi)가 오케스트라를 지휘하는 이벤트였다. 오
케스트라의 협연지휘자로 나선 이 로봇의 데뷔 무대에는 세계적인 테
너 안드레아 보첼리(Andrea Bocelli)와 같은 유명 연주자도 등장해 화젯
거리를 보탰다. 그러나 이 흥행성 이벤트를 바라보는 관객들의 호기

심에 찬 시선은 잠시일 뿐, 관객들의 마음 한구석은 왠지 모를 씁쓸함이 똬리를 튼다. 무엇보다 마음을 무겁게 한 것은 얼마나 많은 사람들이 과연 로봇과 사람 지휘자의 음악을 구별할 수 있을까 하는 의구심이다.

향유자들이 진짜 예술을 더 친근하게, 더 자주 만날 수 있도록 해야 한다. 그래서 인간미가 깃든 '사람의' 작품에 익숙하도록 환경을 조성해야 한다. 익숙함은 향유자들로 하여금 예술작품을 왜 만들었는지 무엇을 전달하고자 하는지 알 수 있도록 만든다. 적어도 익숙함이 있을 때 인공지능과 사람이 만든 예술을 구별할 수 있다.

우리는 이제 영화 〈아이, 로봇〉에 등장하는 로봇의 질문에 대한 대답을 찾아야 한다. 영화의 주인공처럼 망연자실 아무런 말도 하지 못하는 상황이 벌어져서는 안된다. 오히려 로봇에게 당당하게 되물을 수 있어야 한다.

"인공지능이여! 그대는 컴퓨터 알고리즘으로 수십 초 내에 만들 수 있는 주크덱(Jukedeck)[17]의 음악과 오랜 수련과 고민이 깃든 예술성 있는 사람의 음악을 구별해 낼 수 있는 감수성이 있는가?" 혹은 마르셀 뒤샹이 얘기한 "사람의 예술과 기계의 예술 간의 엥프라멘스(Inframince, 미세한 차이)를 포착해내는 능력이 있는가?"

이런 질문을 인공지능에게 서슴없이 던질 수 있을 때 '사람다움', '사람 사는 세상'은 여전히 우리 곁에 있을 터이다. '알아야 면장(面墻)'을

---

17) 영국의 인공지능 작곡 스타트업.

4차산업시대, 예술의 길

한다'[18]는 속담이 있다. 하지만 예술은 알기보다는 느껴야 한다고들 한다. 그래서 예술감상에 관한 한 '느껴야 면장을 한다'는 말로 바꿔야 한다(임성훈, 2009)는 주장도 일리가 있다. 소비자들이 알든 느끼든 그들에게 예술을 전달하는 기능은 유통이 담당한다. 4차산업시대 기술의 발달이 반가운 이유는 예술유통의 새로운 국면을 제공할 것이라는 기대 때문이다. 예술의 활발한 유통은 소비자의 감상기회를 확대하고, 예술소비자들은 인공지능과 차원이 다른 예술에 대한 지식과 느낌을 가질 수 있을 것이다. 예술의 유통과 소비의 중요성이 더욱 커지는 시대이다.

---

18) '면장(面墻)'은 논어에 등장하는 '면면장(免面墻)'에서 유래한 말로 담을 마주하고 있는 듯한 답답함에서 벗어난다는 뜻이다(임성훈, 2009).

4차산업시대,
예술의 길

모라벡의 역설과
폴라니의 역설, 그리고
인공지능 무용안무가[19]

---

19) 이 장은 《한국무용과학회지》에 실린 공저 논문인 "인공지능과 예술의 융합 양상에 관한 탐색적 고찰"의 일부 내용을 기반으로 작성되었음.

모라벡의 역설

'모라벡의 역설(Moravec's Paradox)'이란 한 마디로 인간에게 쉬운 것
은 컴퓨터에게 어렵고, 인간에게 어려운 것은 컴퓨터에게 오히려 쉽
다는 아이러니를 일컫는다. 1980년대에 미국의 로봇공학자인 한스 모
라벡(Hans Moravec)이 제시한 이론이다. 그에 따르면 전통적인 가정과
는 달리, 높은 수준의 추론은 엄청난 연산 리소스를 필요로 하는 낮은
수준의 감각 기술에 비해 계산을 거의 필요로 하지 않는다. 가령 컴퓨
터는 지능 테스트나 체커 게임에서 성인 수준의 성능을 발휘할 수 있
다. 하지만 단순 지각이나 이동성과 같은 기술을 제공하는 것은 오히
려 매우 어렵거나 불가능하다(Vadim S. Rotenberg, 2013).

그러나 최근 일각에서 '모라벡의 역설'을 인공지능에 적용하는 데
있어서 의문이 제기되고 있다. 2018년 가을, 미국의 로봇제조사 보
스턴 다이내믹스(Boston Dynamics)는 휴머노이드 로봇 아틀라스(Atlas)
의 파쿠르(parcours)[20] 동영상을 유튜브에 공개했다. 이 영상에서 아틀
라스는 통나무를 가볍게 뛰어넘는다. 또한, 두 발을 번갈아 사용하면
서 다른 높이의 상자 세 개를 딛고 훌쩍 뛰어오른다. 이보다 일 년 전

---

20) 안전장치 없이 주위 지형이나 건물, 사물을 이용해 한 지점에서 다른 지점으로 이동하는 곡예
　　활동(네이버 지식백과).

인 2017년 11월, 아틀라스는 이미 체조선수 수준의 묘기를 선보여 사람들을 놀라게 한 바 있다. 자연스러운 동작으로 점프해서 단상에 올라서는가 하면, 완벽하게 뒤로 공중제비를 돌아 안정적으로 착지하는 묘기를 선보인 것이다. 그런가 하면 2018년 5월에는 사람처럼 안정적 자세로 조깅하는 아틀라스의 동영상이 공개되기도 했다. 그뿐 아니다. 스팟, 빅독 등 보스턴 다이내믹스가 만든 2족, 4족 보행로봇들의 운동능력은 인간 수준을 능가하는 것으로 평가받고 있다. 이제 로봇은 계단, 눈길, 울퉁불퉁한 산길을 두 발로 기민하게 걷고 뛸 수 있는 운동능력을 보유 중이다(구본권, 2018).

미국 리싱크로보틱스(Rethink Robotics)의 범용 로봇 백스터(Baxter)도 모라벡의 역설을 흔드는 사례 중 하나이다. 백스터는 특정 기능에 국한된 게 아니라, 간단한 학습을 통해 사람이 수행하는 다양한 작업을 따라 하는 범용성을 특징으로 한다. 매사추세츠공대(MIT)의 교수 브리뇰프슨과 매카피(Erik Brynjolfsson & Andrew McAfee, 2014)는 저서 〈제2의 기계시대〉에서 이러한 백스터에 대해 "모라벡의 역설을 무너뜨렸다"고 평가했다.

폴라니의 역설

인공지능의 발전은 비단 '모라벡의 역설'뿐 아니라 '폴라니의 역설(Polanyi's Paradox)'도 흔들리게 하고 있다. 헝가리 출신의 철학자이자 과학자인 마이클 폴라니(Michael Polanyi, 1966)는 저서 〈암묵지〉에서 '할 줄은 알지만, 말로 설명할 수 없는 지식과 능력'을 인간인지의 특징이라고 정의했다. 그러면서 그는 대표적인 암묵지(tacit knowledge)로 혼잡한 도로의 운전 방법이나 얼굴 식별 능력 등을 들었다. 폴라니의 역설은 바로 이 암묵지의 경우 기계가 모방하기 힘들다는 것이다. 암묵지는 언어와 논리 코드 형태로 변환하기 힘들기 때문이다. 사람은 말할 수 있는 것보다 훨씬 많은 것을 알고 있다는 이러한 주장은 인공지능 시대에 인간 능력의 고유성과 우위를 고수하는 논리의 하나이다.

하지만 이러한 논리는 알파고[1]와 자율주행차 등의 등장으로 인해 그 견고함이 흔들리기에 이르렀다. 알파고와 자율주행자동차는 암묵지의 영역마저도 기계가 인간을 추월했다는 것을 보여주는 대표적인 사례로 평가된다(구본권, 2018). 그리고 사실 최근의 컴퓨터 과학의 목표 중 하나는 폴라니의 역설을 극복하는 데 있다(David Autor, 2014).

그런데 여기서 한 가지 간과하지 말아야 할 점이 있다. 폴라니의 암묵지 이론은 신체를 토대로 한다는 점이 그것이다. 폴라니에게 있어서 인식 활동이란 기본적으로 신체의 자각 활동이다. 따라서 우리의 인식은 세계가 주는 자극과 그 자극에 대한 신체 반응에 기초하여 세계를 파악한다. 반대로 신체는 인식 과정을 통해 진화하고 세계를 포괄하는 거대한 신체로 확장된다. 아울러 이러한 확장은 언어와 각종 지식체계, 그리고 문화유산 등의 활용을 통해 진행된다(홍성민, 2016). 즉 폴라니의 암묵지는 단순한 무의식 세계가 아니라 신체를 통한 인식, 확장, 진화되는 세계관이다.

---

1) 매카피는 2016년 알파고-이세돌 대국 직후 '뉴욕타임스' 기고를 통해 "알파고의 괴력이 '폴라니의 역설'도 넘어섰다"고 평가했다.
2) 인공지능은 개념적으로 '강한 인공지능(Strong AI)'과 '약한 인공지능(Weak AI)'으로 구분할 수 있다. 약한 인공지능은 자의식이 없는 인공지능을 말하며 특정 분야에 특화된 형태로 개발되어 인간의 한계를 보완하고 생산성을 높이기 위해 활용되고 있다. 인공지능 바둑 프로그램인 알파고나 의료분야에 사용되는 왓슨(Watson) 등이 대표적이다. 강한AI는 사람처럼 자유로운 사고가 가능한 자아를 지닌 인공지능을 말하며 인간처럼 여러 가지 일을 수행할 수 있다고 해서 범용인공지능(AGI, Artificial General Intelligence)이라고도 한다. 강한 인공지능은 인간과 같은 방식으로 사고하고 행동하는 인간형 인공지능과 인간과 다른 방식으로 지각, 사고하는 비인간형 인공지능으로 다시 구분할 수 있다. 현재까지 개발된 인공지능은 모두 약한AI에 속하며, 자아를 가진 강한AI는 등장하지 않았다(김대식, 2016).

인공지능 예술의 가능성

현재 인공지능기술은 인간의 한계점을 보완하는 약한 인공지능(Weak AI)[2] 단계에 있다. 인간의 모든 경험을 인공지능에 입력하는 것이 불가능하다. 특히 예술분야에서 인공지능 스스로가 작가적 주관이나 세계관을 표명한 사례를 아직까지 찾아볼 수 없다. 따라서 '기계가 인간의 암묵지를 추월했다'는 이른바 '폴라니 암묵지 붕괴설'을 예술영역까지 확대해서 해석하기는 어려워 보인다.

2017년 한국고용정보원이 내놓은 '기술변화에 따른 일자리 영향 연구'[3]의 결론 역시 인간의 지각 및 창의적 지능과 사회적 지능이 필요한 직무는 인공지능과 로봇이 인간을 쉽게 대체할 수 없다는 것이었다. 즉 상대의 반응을 파악하고 이해하거나 협상과 설득이 필요한 직무, 손이나 손가락을 사용하여 복잡한 구조의 부품을 조립하는 등의 정교한 작업, 기발한 아이디어를 만들어 내는 창의성이 필요한 경우는 로봇인간이 대체할 가능성이 적다. 특히 음악-무용-미술 등 감성에 기반을 둔 예술 분야의 직무 경우는 더욱 그러하다(이정미, 2017).

하지만 여전히 인공지능 화가는 물론 인공지능 가수·작가·연주자·작곡가 등의 등장을 지켜보는 우리의 마음은 편치 않다. 그동안 인간 고유의 영역으로 믿어온 예술분야에 대한 도전은 위협적인 것이 사실이다. 그들은 이미 천재 화가 피카소나 렘브란트와 거의 똑같이 그림을 그릴 수 있고 모차르트에 거의 버금가는 음악을 만들어내는 수준에 이르렀다. 사람들은 이제 인공지능이 제작한 작품인지, 사람

---

3) 영국 옥스퍼드대학교의 프레이와 오스본(Carl Benedikt Frey & Michael Osborne) 교수가 제안한 분석 모형을 활용하여 주요직업군 400여 개 중 인공지능과 로봇기술 등의 활용에 따라 자동화 대체 확률이 낮은 직업군을 선정했다.

이 만든 작품인지를 분간하기 어렵다. 오히려 어떤 면에서는 인공지능의 작품을 더 선호할 수 있는 가능성도 배제할 수 없다. 인간은 예술분야에서도 금속과 컴퓨터칩으로 만들어진 인공지능로봇과 경쟁해야 하는 숨막히는 시대가 우리 곁에 이미 다가와 있다는 사실(최은수, 2017)을 부정하기는 어려워 보인다.

오늘날 예술개념에 대한 정의는 불가능하다는 아서 단토(Arthur C. Danto, 1984)의 '예술종말론'이 대체로 받아들여지고 있는 분위기이다. 게다가 1830년대 사진술의 발명, 1895년 뤼미에르 형제의 영화로 인해 예술 개념의 변화[4]가 촉발된 이래 최근 첨단 과학기술의 발전은 루드비히 비트겐슈타인의 추종자들이 주장하는 다원주의의 논지를 강화하기라도 하듯 예술 범위의 확장을 가속화하고 있다. 그러나 우리는 여전히 모든 예술이 표현적 형식을 창조하거나 인간적 감정을 표현하는 명백한 형식(Susanne Langer, 1984)이라는 '예술표현론'을 사회적 합의 속에서 암묵적으로 수용하고 있다.

이 같은 예술표현론의 관점과 예술개념 변천사의 측면에서 볼 때, 아직까지 인공지능 예술의 단계는 19세기까지 예술개념을 지배했던 '모방론'과 '재현 단계'에 머무르고 있는 것으로 분석된다. 그 이유는 현재까지 인공지능 예술의 대부분은 인간의 제공한 데이터를 바탕으로 한정된 예술 양식에서 다양한 패턴을 유추하고 응용하는 약 AI 기

---

4) 아서 단토(2015)에 따르면 1830년대에 사진술이 발명되었을 때 그 발명가 중 한 사람인 영국인 윌리엄 헨리 폭스 탤벗(William Henry Fox Talbot)은 '자연의 연필'이라는 함축적인 표현을 사용함으로써 사진을 미술의 한 장르로 간주했다. 이어 1895년 뤼미에르 형제가 〈리옹의 뤼미에르 공장을 나서는 노동자들〉을 상영하면서 이전까지 사람들이 이해하던 미술은 끝이 났다 (A. Danto, 2015)

4차산업시대, 예술의 길

술단계에 위치하기 때문이다.

예술은 인간경험 총체성의 정수라고 할 수 있다. 그러나 현재의 약한 인공지능(Weak AI) 단계에서는 인간이 경험하는 모든 것을 로봇에게 입력이 불가능하다. 인공지능 로봇예술은 단지 작품이라는 형식기술을 제시할 뿐 예술의 본질로 인식하고 있는 작가정신 혹은 작가 철학, 세계관, 가치관, 의도 등의 철학을 기대하기 어렵다. 또한, 인간은 언제나 오랫동안 누적되며 형성되어 온 그 시대의 예술양식을 타파하며 새롭고 혁신적인 세기적 예술양식과 예술개념을 탄생시켜 왔다. 이는 단순한 예술스타일이나 기술 변화가 아닌 인간과 이 세상의 본질에 대한 근본적인 철학의 변화이다. 따라서 현재까지의 인공지능예술은 기술형식의 혁명단계에 불과한 것으로 볼 수 있다.

그렇다고 해서 인공지능 예술이 앞으로 인간 예술가들에게 철학적인 측면에서 위협적인 단계가 도래하지 않을 것이라고 단언할 수 있을까? 레이 커즈와일(Ray Kurzweil)을 비롯한 특이점주의자(Singularitarian)들이 주장하는 바와 같이, 포스트휴먼(Post Human)[5]의 등장을 포함해 강한 인공지능(Strong AI)의 현실화 가능성은 곧 인공지능이 철학적 사유를 할 수 있을지도 모른다는 가능성을 내포한다. 다시 말해 만일 미래에 인간과 같은 방식으로 사고하고 행동하는 자의식을 가진 인간형 인공지능(Strong AI)이 본격 개발된다면 로봇은 자기가 만든 예술작품에 대한 논의 및 예술세계의 표명이 가능할지도 모른다.

---

5) 트랜스휴머니즘은 과학기술의 발전을 통해 인간 개조 과정이 급속도로 진행되면 상상을 초월할 정도로 현재 인간의 성능을 능가하는 '인간 이후'의 존재자가 출현할 것이라고 예견한다. 이 인간 이후의 존재자를 트랜스휴머니스트들은 '포스트 휴먼(post human)'이라고 부른다(이종관, 2017). 즉 포스트휴먼은 현재 인류의 생물학적 능력을 뛰어넘는 능력을 갖춰 현재의 기준으로 인간으로 분류될 수 없는 인간 이후의 존재를 뜻한다(한국포스트휴먼연구소, 2015).

무용안무 인공지능

무용 분야로 이야기를 좁혀보자. 대부분의 공연예술 장르에서는 이미 작곡로봇, 극작가로봇, 평론로봇 등 인간의 상상력과 창의 영역에 획기적인 도전과 발전이 진행되고 있다. 하지만 무용의 경우 아직까지 무용수를 대체할 만큼의 기술을 보유하거나 안무 능력을 갖춘 인공지능로봇이 개발되지 않았다.

하지만 아름다운 소녀 모습으로 판소리, 연기, 유머까지도 가능한 로봇 '에바' 그리고 음악연주에 따라 스스로 동작의 변화를 주는 로봇 '애니몰(ANYmal)'[6]을 비롯하여 앞에서 소개한 체조선수 수준의 운동능력을 보유한 로봇 '아틀라스' 등이 연이어 등장하고 있다. 이런 추세로 가면 향후 언젠가는 무용 분야에서도 인간처럼 아름답고 섬세하게 움직일 수 있는 안드로이드형 로봇무용수의 등장도 예측 가능하다.

그렇다면 자신의 생각을 창의적인 몸동작으로 구성하여 표현하는 무용안무 인공지능을 볼 수 있을 날도 멀지 않았을까? 대답은 '아니오'다. 모라벡의 역설은 몰라도 폴라니의 역설은 쉽게 깨지지 않을 것이기 때문이다.

---

6) 스위스 취리히대학(ETH Zurich Department of Mechanical and Process Engineering)에서 개발한 춤추는 로봇으로 직사각형의 몸체에 네 개의 다리를 가지고 있다. 클래식은 물론 EDM 음악을 분석하고 스스로 안무를 해 움직임을 보여준다.

드론,
새로운 예술을
꿈꾸다

뉴미디어 이론가 로이 에스콧(Roy Ascott)[7]은 새로운 기술에 의해 가장 많이 영향받는 존재는 다름 아닌 우리의 '의식'이라고 했다. 그리고 새로운 기술과 의식이 통합된 세계를 테크노에틱스(technoetics)[8]라고 이름 붙였다(이원곤, 2010). 인공적인 것과 영적인 것 또는 문화적인 것과 우주적인 것의 연결이기도 한 테크노에틱스의 세계! 이곳에서 신기술은 사람들의 생각을 바꾸고 이를 통해 새로운 형식의 예술을 탄생시킨다.[9] 프랑스 시인이자 비평가인 폴 발레리(Paul Valery)도 커다란 과학기술의 변화는 예술에 사용하는 기술, 수법, 나아가 개념 자체를 변화시킬 것이라고 예언한 바 있다.

---

7) 로이 에스콧은 1934년 10월 영국 바스 태생으로, 사이버네틱스, 텔레커뮤니케이션과 인터랙티브 미디어를 사용한 창의적 작업을 해온 예술가이자, 이론가이면서, 전 지구적 네트워크를 사용하여 텔레매틱스 telematics), 인터랙티브 미디어 분야의 개척자이다(아트센터 나비, 2016). 미디어학자인 프랭크 포머는, 로이 에스콧을 예술에 관객 참여를 가져온 최초의 예술가로 평가했다(태혜신, 2017).

8) '의식(consciousness) + 기술(technology)'의 합성어로서 미래의 예술에 관한 로이 에스콧의 비전을 가장 잘 대변해 주는 키워드이다. 이는 현대의 미디어 테크놀로지에 의해 제공되는 사이버 지각, 그리고 금세기에 개척될 것으로 예상되는 전감각적 시뮬레이션이나 감각세계의 통합화를 시뮬레이트하는 유기적인 미디어 기술이 결국 인간의 신체적 능력뿐 아니라 정신적 능력을 확장함으로써 초월성에 대한 욕망을 실현해가고 있다는 비전을 설명한 용어이기도 하다(이원곤, 2010).

9) 로이 에스콧은 '테크노에틱스(technoethics)'를 추구하면 기계가 중심이 된 컴퓨터 미디어의 '건조함'을 극복하고, 인간의 냄새가 나며 생명의 기운이 느껴지는 '촉촉한' 미디어(Moist Media)를 개발할 수 있다고 주장한다(심소미, 2006; ,박명숙, 태혜신, 오하영, 2014, 재인용). 미디어는 '유선의(wired)', 그리고 '건조한(dry)' 세상과 생물학적(bio-technology)이고 유기체적인 '젖은(wet)' 세상이 합쳐지면서 탄생한 개념으로 예술의 재물질(Re-Materialization)을 전망하는 용어이다. 이러한 변화는 예술가들에게 디자인의 진화 과정을 조정하는 역할을 하는 대신, 형태가 자연스레 진화될 수 있도록 씨를 뿌리는 사람의 역할을 하도록 요구된다(최효민, 2006; 태혜신, 2017).

굳이 에스콧이나 발레리의 말을 떠올리지 않더라도 최근 새로운 예술이 생겨날 조짐이 여러 곳에서 나타나고 있다. 아니 4차산업시대를 맞아 이미 다양한 기술과 예술이 본격적인 결합을 시도하는 중이다. 이 중 이 장에서 주목해보고자 하는 것은 공중예술(Air Arts), 곧 드론이 펼치는 예술이다.

이벤트 수준에서 멈추고 있는 드론 군집비행

드론과 관련된 예술 하면 가장 먼저 떠오르는 건 아무래도 드론 군집비행이다. 군집비행은 다수의 무인기가 무리를 지어 비행하는 것으로 통상 'Swarming' 또는 'Swarm'이라고 부른다. 여기서 'Swarming'이란 공통된 행동규칙을 가진 다수의 전투객체(Swarmer)들을 분산된 네트워크를 활용하여 운용함으로써 체계적인 전투력으로 활용하는 것을 의미한다. 이러한 개념은 자연 생물체에서부터 인간의 전투 등 다양한 분야에서 나타난다. 자연에서는 개미, 벌, 쥐, 어류, 늑대, 하이에나 등 무리를 형성하는 자연계의 개체군 생물체에게서 자주 볼 수 있다. 인간의 경우, 과거 자신보다 크거나 강력한 무기를 가진 야생동물을 사냥할 때 주로 무리를 이루었다. 이후 인간 간의 전쟁에서는 무리를 활용한 전투가 성행했다(박노영·김경수, 2018).

인텔(Intel)은 2016년 미국 캘리포니아주 팜스프링에서 100대의 드론을 동시에 비행하는데 성공한 데 이어, 시드니 오페라하우스에서는 유스 오케스트라 음악에 맞춘 드론 군무를 선보였다. 오스트리아에서는 세계적 뉴미디어아트 기관인 아르스 일렉트로니카[10]의 퓨처랩(Ars

---

10) 오스트리아 린츠에 위치한 아르스 일렉트로니카(Ars Electronica Linz GmbH)는 1987년 시작한 국제 경연대회인 프리 아르스 일렉트로니카, 1996년 개관한 전시장인 아르스 일렉트로니카센터, R&D를 담당하는 퓨처랩 등을 거느리고 있는 문화기관이다. 특히 예술과 기술의

Electronica FutureLab)과 성공적인 협업프로젝트를 수행하기도 했다.

또한, 인텔은 500대의 드론을 등장시킨 군무로 기네스 기록을 세우는가 하면, 미국 수퍼볼 결승전에서는 레이디 가가가 등장할 때 창공에 드론의 무리가 물결치는 성조기를 연출했다. 2018년 초 평창 동계 올림픽에서 가장 인상 깊게 세계 사람들의 뇌리에 각인된 이벤트 중 하나가 기네스 기록을 다시 한번 갈아치운 1,218대의 드론 군집비행이었는데 여기에도 인텔이 관여되어 있다.

그런데 이러한 드론 군집비행은 아직까지 기술력을 홍보하기 위한 이벤트 성격이 강하다. 인텔은 올림픽과 같은 비중 있는 글로벌 이벤트마다 군집비행에 동원하는 드론의 수를 새롭게 갱신하며 기술력을 뽐낸다. 얼마나 많은 수의 경량드론을 동시에 정교한 프로그램으로 서로 부딪히지 않고 제어할 수 있는가가 그들이 내세우는 기술력의 핵심이다. 날이 갈수록 군집비행에 동원되는 드론의 숫자는 경쟁적으로 늘어난다. 2018년 4월, 중국이 자랑하는 세계적인 드론기업 이항(Ehang)이 시안(西安)에서 평창보다 많은 1,374대의 드론 군집비행을 시도하다가 드론이 서로 부딪쳐 추락하는 수모를 겪은 해프닝은 너무나 유명하다. 드론 군집비행이 기술력을 홍보하는 이벤트 수준에 그치고 있는 데 따른 사필귀정을 보는 것 같아 한편으로 씁쓸하다. 사정이 이렇다 보니 드론 군집비행 이벤트에서 예술성을 논하기가 쉽지 않다. 상상력과 진지한 미적 성찰보다는 화려하고 신기한 볼거리에

융합분야에서 세계적 권위와 인지도를 자랑하는 아르스 일렉트로니카 페스티벌을 매년 개최한다. 아르스 일렉트로니카 페스티벌은 1979년에 오스트리아 국영방송사의 레오폴드세더(Hannes Leopoldseder), 작곡가 보그너마이어(Hubert Bognermayr), 물리학자 프랑케(Herbert W. Franke), 그리고 음악프로듀서 뤼첼(Ulrich Rutzel) 등에 의해 만들어졌다(김선영, 2018).

불과할 수도 있다.

반면 예술적 창의성을 발현한다는 측면에서 디즈니의 사례는 사뭇 시사하는 바가 크다. 사실 디즈니는 인텔보다 앞서서 군집비행을 기획했으며, 드론을 사용한 퍼포먼스쇼 특허를 여러 개 보유하고 있는 것으로 알려져 있다. 디즈니는 2014년에 이미 드론을 활용한 공중 에어쇼에 관한 특허(Aerial display system with floating pixels)를 출원했다. 공중 디스플레이를 탑재한 드론에서 출력되는 빛들을 픽셀로 엮어 거대한 캐릭터를 구현하는 기술이다. 오늘날 유행하는 군집 드론 에어쇼와 유사한 기술이다.

디즈니는 드론에 가속도계와 에어백을 부착하는 기술도 특허를 출원했다. 추락과 동시에 에어백이 드론을 둥글게 감싸 안아 드론의 자유낙하를 둔화시키는 기술이다. 아울러 드론을 활용해 영화 〈스타워즈(Star Wars)〉에 나오는 광선검[11]도 구현해 냈다. 드론이 적외선을 감지하여 칼자루의 위치를 직접 추적하며, 수증기나 안개 위로 가시광선을 투사하여 검신의 형태를 만들어 낸다(신명진, 2016). 여기에서 주목할 부분은 관람객 눈에는 드론이 빛을 쏘는 것이 아니라 칼자루에서 빛이 올라와 광선검이 되는 것처럼 보이도록 하는 기술이다. 어쨌든 이처럼 디즈니가 드론을 주목한 이유는 영화 속 상상력을 확장하는 데 있다.

그러나 여전히 드론 퍼포먼스의 예술성에 대해 확신하기는 어렵다. 영화의 사례를 하나 들어보자. '태양의 서커스(Cirque du Soleil)'가 만든

---

11) '라이트 세이버(light saber)'라고도 한다. 펜싱의 종주국이라고 하는 프랑스의 펜싱 연맹은 2019년 초에 광선 검을 정식 스포츠 종목으로 인정한 바 있다(YTN, 2019.2.19.).

10분짜리 단편영화 〈스파크드(Sparked)〉에는 램프의 갓을 뒤집어쓴 드론들이 등장한다. 하지만 진한 감동보다는 사람과 드론 간의 상호 작용이라는 마술을 보는 호기심이 더 앞서는 것도 사실이다. 그들이 내세운 "충분히 발전된 기술은 마법과 같다"라는 구호 그대로 말이다. 물론 드론 군집비행의 이러한 현실에도 불구하고 드론예술 자체에 대해 실망하기엔 아직 이르다. 이미 많은 분야에서 드론이 가져올 새로운 예술 가능성을 제시하고 있기 때문이다.

자유낙하 하는 아찔한 긴장감을 전하는 드론 사진

드론은 예술가와 감상자에게 이제껏 경험할 수 없었던 새로운 시각을 제공한다. 터키 출신의 사진작가 아이딘 바이야크타스(Aydin Buyuktas)는 드론을 이용한 사진으로 일약 세계적인 작가 반열에 올랐다. 그의 사진에 등장하는 소재는 건물과 도로, 들판처럼 특별할 게 없는 평범한 것들이다. 하지만 하늘에서 90도 각도로 내려다보며 촬영한 사진은 비행기 창문으로 내려다보는 풍경과 유사하면서도 훨씬 구체적이고 미시적이다.

비행기와 인공위성은 위에서 내려다보는 새로운 시각, 이를테면 판옵티콘적[12] 시각을 제시하지만(심혜련, 2006), 아득히 멀어서 손에 잡히지 않으며, 따라서 쉽게 공감하기 어려운 세계이다. 하지만 바이야크

---

12) 판옵티콘은 그리스어로 '모두'를 뜻하는 'pan'과 '본다'는 뜻의 'opticon'이 합성된 용어로, 영국의 공리주의 철학자 제러미 벤담이 제안한 교도소의 형태이다. 교도소에서 중심에 위치한 감시자들은 외곽에 위치한 피감시자들을 감시할 수 있으나, 감시자들이 위치한 중심은 어둡게 되어 있어 피감시자들은 감시자들을 감시자들의 존재 여부를 확인하기조차 어렵게 설계되어 있다. 이후, 프랑스의 철학자 미셸 푸코(Michel Foucault)가 1975년 그의 저서 《감시와 처벌 Discipline and Punish》에서 현대의 컴퓨터 통신망과 데이터베이스가 마치 죄수들을 감시하는 '판옵티콘'처럼 개인의 일거수 일투족을 감시하고 통제한다고 지적하면서 사용하였다 (네이버 지식백과).

타스의 사진은 위에서 조망하는 시각이라 하더라도 좀 다르다. 감상자에게 더 가깝게 다가오고, 그래서 작가가 표현하고자 하는 감정에 몰입할 수 있다. 또한, 지극히 사실적인 동시에 몽환적이다. 속도의 사상가로 잘 알려진 비릴리오(Paul Virillio, 2004)[13]의 개념을 빌리면 대상을 그대로 보여주는 '소극적 광학'이 아니라 우리가 가지고 있던 전통적인 지평선의 개념도 변화시키는 '적극적 광학'을 실천하고 있는 셈이다. 아울러 키클로페스(Cyclopes)[14]의 한계를 넘어설 수 있는 가능성을 열어주고 있다는 점에서 바이야크타스의 드론사진은 비릴리오의 '적극적 광학'에서 한 걸음 더 나아갔다고도 할 수 있다.

그의 작품이 사람들의 관심을 끄는 또 다른 이유는 아찔한 긴장감에 있다. 사실 90도 각도의 풍경은 마천루나 고층건물 옥상에 올라간다고 해서 쉽게 볼 수 있는 게 아니다. 기껏해야 건축물 조감도처럼 90도보다 완만한 각도에서 풍경을 내려다볼 수 있을 뿐이다. 정확히 90도 각도의 풍경을 보려면 중국의 유명관광지 장가계(張家界)의 귀곡잔도(鬼谷栈道)나 타워 같은 곳에 설치된 투명유리에 누워서 까마득한 아래를 수직으로 내려다보는 현기증을 감내해야 한다. 하지만 감상자는 안락한 환경에서 그의 사진을 통해 자유낙하 하는 스카이다이버의 끝없는 자유와 가슴이 폭발하는 듯한 긴장을 경험한다. 이는 비릴리오(Paul

---

13) 비릴리오의 질주학(dromology)은 그리스 말로 경주를 뜻하는 'dromos'에서 온 것으로 속도의 과학(혹은 논리)를 의미한다. 질주학은 전쟁과 근대 미디어와 연관된 사회의 구조화를 고찰할 때 필요한 것으로 어떤 것이 발생하는 속도는 그것의 본질적 특성을 변화시킨다. 가령 빠른 속도로 움직이는 것이 더 느린 것을 지배하게 되며 '영토를 통제하는 자가 누구든지 그것을 소유한다'는 것이다. 질주학 이후 이제 영토의 소유는 일차적으로 법과 계약에 관한 것이 아니라, 무엇보다도 운동과 유통/순환(circulation)의 문제가 되어 버렸다(최병학, 2018).
14) 인공적인 시각의 등장은 시각의 힘을 확장한다. 비릴리오는 이러한 시선의 증가를 그리스 신화에 나오는 외눈 거인인 키클로페스에 비유한다. 즉 외눈의 증가는 완전한 시각의 증가가 아닌 편협된 시각의 증가이며 바로 이 점이 기계의 눈이 만들어낸 기계시각의 특징이라는 것이다(심혜련, 2006).

Virillio, 2004)가 제기한 개념인 피크노렙시[15]적이기보다는 벤야민의 변증법적 이미지라고 할 수 있다. 피크노렙시가 순간적으로 망각의 상태에 빠지는 것을 의미한다면, 벤야민의 변증법적 이미지는 망각된 것을 기억하는 순간(심혜련, 2006)이란 측면에서 그렇다. 미셸 푸코(Michel Paul Foucault)는 '보는 시선은 지배하는 시선'인 동시에 '시각의 헤게모니는 권력의 헤게모니'라고 했다(신성환, 2018). 그에 따르면 바이야크타스의 작품은 다른 한편으로 시각기계를 장악하고 운영하는 우리 자신의 지배력과 권력을 극명하게 표현하고 있는지도 모른다.

공연예술에 등장하는 드론은 신체의 확장을 통해 작품에 새로운 볼거리를 제공하는 동시에 감상자의 이해를 돕는다. 특히 무용 공연에서 그렇다. 무용은 순수예술 중에서도 특히 인기가 덜한 편이다. 정부에서 발표하는 예술행사 관람비율을 봐도 알 수 있다. 연극이나 뮤지컬 또는 클래식 공연을 보는 횟수는 연평균 0.1회 정도지만 무용공연은 0.04회 정도에 불과하다.

왜 그럴까? 우선 난해하다. 무용은 대개 신체의 움직임 하나로 작품세계를 표현하는 만큼 예술가나 연출자의 의도를 보통 사람이 알아채기 쉽지 않다. 게다가 현대무용은 움직임의 아름다움만을 추구하지 않는다. 서정적이고 우아한 무용수들의 동작을 기대하고 공연장에 갔다가는 실망하기 일쑤다. 무엇보다 현대 관객들은 벤야민(Walter Benjamin)의 이른바 쇼크효과(Chockwirkung)[16]에 익숙해져 있다. 무용

---

15) 피크노렙시는 비릴리오가 『소멸의 미학』에서 제기한 개념이다. 어원적으로는 '빈번한, 자주'를 의미하는 그리스어 '피크노스(picnos)'와 '발작'을 의미하는 'lepsis'의 합성어이다. 일종의 '신경 발작'인 지각장애로서 '빈번한 중단, 사고, 장애, 시스템 오류' 등을 의미한다. 우리말로는 '기억 부재증' 등으로 번역되지만 일종의 지각 장애를 뜻하기도 한다(심혜련, 2006).

수의 아우라(수월성에서 오는 감동)만 가지고 소통하기 어렵다는 뜻이다. 설령 가능하더라도 그런 아우라를 가진 무용수 공연이 흔치 않은 것도 사실이다.

드론을 활용한 공연에서는 이런 단점이 일정 부분 보완된다. 무용수의 움직임과 연동된 드론의 움직임은 단순히 새로운 볼거리에 그치지 않는다. 이른바 '신체의 확장'을 통해 무용수의 아우라를 보완하는 동시에 무용수 움직임에 대한 이해를 향상시킨다.

대표적인 사례로 아직은 초보적인 단계지만 일전에 우리나라를 방문했던 일본무용단 '일레븐 플레이(Elevenplay)'의 〈24 드론스(Drones)〉를 들 수 있다. 이 공연에서 세 명의 무용수들은 모션캡처 기술을 이용해 LED조명을 탑재한 24대의 드론을 제어함으로써 환상적인 퍼포먼스를 연출한다.

한편 드론은 새로운 표현의 도구로도 쓸 수 있다. 2018년 가을, 이탈리아 토리노에서 열린 한 그래피티(Graffiti) 행사가 화제가 됐다. 디자인 스튜디오 '카를로 라티연합(Carlo Ratti Associati)'이 드론으로 벽화 그리기(Paint By Drone)를 시도한 것이다. 그래피티는 벽 같은 곳에 낙서처럼 긁거나 스프레이 페인트를 이용해서 그리는 그림이다. 이 이벤트에서는 사람 대신 스프레이 페인트 탱크를 장착한 4개 프로펠러가 달린 드론인 쿼드로터가 그래피티를 그렸다. 사람이 직접 그릴 때는 지나치게 높거나 넓은 벽면에서 많은 어려움에 처할 수 있지만 '드론 그래피티 예술가'에게는 이러한 한계가 없다. 이 프로젝트는 건축

---

16) 벤야민에 따르면 영화에서 쇼크효과(Chockwirkung)는 가령 화면들을 취사선택하거나 재구성(몽타주)함으로써 만들어진다. 이러한 쇼크효과는 현대의 가속화된 행동형식 및 지각형식들(기술, 교통, 컨베이어벨트 작업 등)과도 긴밀한 상관관계가 있다(심철민, 2017: 89).

가이자 미국 매사추세츠공과대(MIT) 교수인 카를로 라티(Carlo Ratti)가 기획했다. 신기술이 도시의 생활방식을 어떻게 변화시키는지를 연구하다가 기존의 커다란 벽면이 비어 있거나 고작 광고 정도에 활용되는 현실을 개선하려는 시도였다. 그에 따르면 우리가 사는 도시의 모든 벽면은 새로운 형태의 열린 공간으로서 협업 예술을 보여주거나 대도시의 심장 박동을 시각화할 수 있는 공간으로 재탄생한다. 바로 드론을 통해서이다.

드론은 라이트 페인팅(Light Painting)에도 활용된다. 라이트 페인팅은 빛이 없는 공간에서 광원을 움직여 허공에 그림을 그리고, 이를 장노출로 촬영하는 빛의 예술이다. 피카소(Pablo Picasso)도 한때 심취했다고 하는 이 라이트 페인팅은 본래 사람이 광원을 들고 다양한 동작을 함으로써 만들어진다. 하지만 이제는 드론에 광원을 부착해 그 비행궤적을 촬영함으로써 시공간의 한계를 뛰어넘어 새로운 예술 세계를 창조할 수 있다. 최근 영국 출신 루벤 우(Reuben Wu)는 자연 풍경에 드론의 비행궤적을 덧입혀 외계와 같은 비경을 연출한 사진으로 각광받고 있다.

예술을 몰아낸 기술로 새로운 예술을 이야기하자

오늘날 기술은 비약적 발전으로 인해 세간의 찬사를 받으면서도 한편으로는 강박적이고 독재적이라는 비판에 직면해 있다. 미국의 문명 비평가 루이스 멈포드(Lewis Mumford, 2011)에 의하면 "기술이 삶에 종속되는 것이 아니라 삶이 오히려 기술에 종속됐기 때문"이다. 특히 예술의 측면에서 볼 때 더욱 그렇다. 우리는 지금 내면을 수양하며 예술을 즐기고 생산하는 대신에, 그 어느 때보다도 기계화 과정에 깊이 빠져 있다(Momford, 2011). 최근 드론을 활용한 예술도 예외는 아니다. 드론 군집비행 기술의 프로파간다는 이제, 인간의 자기 해명과 우주적 통찰이라는 예술의 본 기능으로 전환되어야 한다.

〈서구의 몰락〉을 쓴 독일의 역사철학자 슈펭글러(Oswald Spengler)에 따르면 문화는 두 단계로 발전한다. 하나는 사람의 힘이 성숙하고 예술이 사람의 내면생활과 창조성을 자연스럽게 표현하는 단계다. 그런데 이 단계가 지나면 무미건조한 기계적 단계가 도래한다. 여기서는 삶이 하강곡선을 그리고, 사람들은 외면화되면서 조직에 매몰됨으로써 삶 자체가 경직돼 버리고 만다. 이 상황에서 사람들은 기업 활동을 위해 서정시를 포기하고, 기술 공학을 위해 그림과 음악을 버린다. 슈펭글러는 이 단계를 내면적 인간의 자살이며, 삶에 대한 전반적 과소평가 및 허무주의와 자기 소멸을 향한 움직임의 시작이라고 경고했다(Momford, 2011).

현재 우리들이 살고 있는 세계는 예술 시대[17]는 끝나고 모든 인간적 가치가 단절된 기술 시대가 도래했다는 슈펭글러의 지적을 부인하기 어렵다. "왜 우리는 기술에서 신이 됐으면서도 도덕에서는 악마가 됐으며, 과학적 초인이면서도 미적인 바보가 됐느냐"는 멈포드의 뼈아픈 물음 또한 현재진행형이다. 어떻게 하면 기술 시대를 예술 시대로 되돌릴 수 있을까?

---

17) 유럽에서 '예술'이라는 개념이 이론적으로 확립된 것은 샤를 바퇴(Charles Batteux, 1713~1780)가 『유일한 원리로 확인된 여러 예술』에서 '예술'이라는 개념을 제기한 18세기 중엽부터 말엽에 걸쳐서이다(오타베 다네히사, 2011). 그러나 본고에서의 예술 시대는 비단 근대적인 예술 개념이 성립된 시기 뿐 아니라 그 이전에 있었던 '고전적인'예술관에 의한 예술이 풍미했던 시기 전반을 아우른다.

그 모멘텀은 아이러니컬하게도 최근 비약적 발전을 거듭하고 있는 기술에 있다. 예술은 본질적으로 기술이면서 기술을 능가하는 특징을 지니고 있다(오타베 다네히사, 2011). 당장 눈 앞에 펼쳐지고 있는 군집비행에 동원된 드론 수를 놓고 벌이는 경쟁적인 기술력 홍보 이벤트보다 드론에 의한 새로운 예술의 현재와 미래를 이야기해야 한다.

대지예술과 공중예술[18]

---

18) 이 장은 《인문사회21》에 실린 공저 논문인 "드론에 의한 '공중예술'의 의미와 전망에 관한 시론적 고찰"의 일부 내용을 기반으로 작성되었음.

날아다니는 스마트폰, 드론

드론(Drone)의 정식명칭은 무인항공기(Unmanned Aerial Vehicle, UAV)이다. 즉 "조종사가 탑승하지 않고 비행할 수 있게 제작된 장치"라고 정의할 수 있다(권성현, 2018). 국제민간항공기구(ICAO)에서는 무인항공기(UAV)를 보다 포괄적인 개념으로 정의하고 이 무인항공기 중에서 원격조종되는 복잡한 비행체를 원격조종비행체(RPA: Remotely Piloted Aircraft)라 칭하고 있다(송재두, 2018). 좀 더 구체적으로는 "조종사 없이 원거리에서 원격조종장치를 통해 조종하거나, 또는 미리 입력된 컴퓨터 프로그램을 통해 자율적으로 비행하고 항로를 변경할 수 있는 항공기"를 가리킨다(윤지영, 2016). 한편 원격조종, 자동비행, 반자동비행, 자율비행 등을 하는 비행체와 더불어 이를 제어하는 지상통제장비를 통칭하기도 한다(조상덕·김은희, 2017; 진정희·이귀봉, 2016).[19]

드론은 1차 세계대전 중인 1910년대에 군사 목적으로 개발되었다. 1918년 미국에서 개발한 '케터링 버그(Kattering Bug)'라는 이름의 무인항공기가 드론의 효시로 알려져 있다.[20] 1935년 영국은 이전의 무인항공기들에 비해 원활한 제어와 재사용이 가능한 '퀸비(Queen Bee)'

---

19) 무인항공기는 비행체(aircraft)와 더불어서 지상통제장비(ground control system), 통신장비(data link), 탑재임무장비(payload), 지원장비(support euipments), 인적요소 등 여섯 가지 구성요소로 이루어진다(송재두, 2018).

20) 진영훈(2016) 등은 세계 최초의 무인항공기로 1930년대 초 세계 1차 대전 중 영국이 사용한 Droned Fairy Queen를 꼽기도 한다(송재두, 2018).

를 내놓는다. 그러자 미국은 이에 대응하여 1939년 '데니 드론(Denny Drone)'을 개발했다. 영어로 수벌이 '웅웅거리는 소리[1]'를 의미하는 '드론'이라는 용어가 무인항공기를 지칭하게 된 것은 이때부터이다(권성현, 2018). 이후 1960년대 베트남전쟁, 1980년대 이스라엘과 레바논전쟁, 1990년대 이라크전쟁과 코소보전쟁 등을 거치면서 군사용 드론이 눈부시게 발전했다.[2] 최근 들어서는 카메라 및 센서 등의 감지 능력과 배터리 기술의 발달에 힘입어 소형화 및 대중화되면서 주지하다시피 농업·보안·물류·소방·방송·문화예술 등 다양한 분야에서 활용되고 있다.

드론은 정찰용, 전투용, 전자전용, 통신 중계용 등으로 분류된다. 기본적으로 촬영용 카메라, 지상의 조종자와 연결하는 통신 부품, 정확한 경로를 비행하기 위한 GPS, 회전의(gyroscope) 등이 탑재되며, 영상 및 사진 저장 장치와 각종 센서도 부착된다. 이러한 장치들이 모두 스마트폰과 유사한 기술이기 때문에 '날아다니는 스마트폰'으로 불리기도 한다(이종호, 2018).

대지예술

Land Art, Earth Art, Earthworks, Environmental Art, Dirt Art 등 다양한 이름으로 불리는 대지예술은 지구 표면 위나 표면 자체, 또는 표면 내부에 어떤 형상을 디자인하여 작품을 만들어내는 미술 경향이다. 아방가르드(Avant Garde, 전위 예술)가 발생하던 1960년대에 미

---

1) 드론은 최초의 개발단계에서는 "그다지 쓸모도 없고 독침도 없는 수컷 꿀벌"을 의미하는 용어로 쓰일 정도로 중요하지 않은 비행체로 간주되었다(송재두, 2018).
2) 드론의 군사적 목적으로의 효용성을 확신시켜준 계기는 1991년 발생한 중동의 걸프전이었다(송재두, 2018).

국에서 도시화와 근대화에 근간한 모더니즘에 환멸을 느낀 예술가들에 의해 시작되었다. 그들은 형식에의 집착이나 상업주의적 화랑, 기존 예술계의 관습적인 태도를 부정함으로써 이전의 제작체계를 벗어나고자 했다(최수정·유진형, 2008). 그들에게 갤러리나 박물관 같은 화이트 큐브(white cube)는 권력을 상징하는 공간이다. 따라서 대지예술은 이를 벗어나 원래 예술이 발생한 장소인 대자연으로 회귀시키고자 하는 시도였다.

초기에 흙이나 돌, 소금과 같은 천연 재료를 사용하는 방식으로 구현되던 대지예술은 점차 갇힌 공간 대신 시골, 사막, 설원 한복판 등 자연을 무대로 한 작업으로 변모되었다. 자연적 요소를 재료화 하는 대지예술은 대부분 대규모로 제작되며, 자연적으로 소멸되는 경우가 많고 설치 위주의 작품이기에 전시 기간이 한시적이다. 반면 총체적인 환경을 작품화하기 때문에 관객에게 작품에 둘러싸이는 체험을 제공한다. 아울러 작품 자체뿐 아니라 제작과정이나 제작 행위도 예술작품으로 간주된다(허슬기, 2007).

초기 대지예술가들의 경우 무심코 작업한 자연 속 작품들로 인해 자연 환경을 훼손한다는 비판을 받기도 했다. 그러나 대지가 가진 자연적 힘으로서 시간이 가지는 변형력과 지구 자체의 힘을 예술로 끌어들였다는 점에서 의미를 지니며(김용희, 2010), 최근에는 주변 환경의 맥락과 형태, 구성내용을 고려하는 공공예술로서의 성격이 강화되고 있다. 이처럼 대지예술은 미학적·매체적 관점에서 예술의 영역을 자연으로 확장하는 역할을 함으로써 예술이 자연과의 관계를 다시 정립하는 데 일조했다. 또한, 자연경관의 구성요소로서 공간과 관련된 이야기를 상징적으로 전달함으로써 관람객에게 특별한 경험을 제공한다는 평가를 받고 있다.

공중예술의 계보(불꽃놀이, 서커스 그리고 드론)

대지예술이 지구의 표면을 기반으로 이루어지는 예술이라면, 드론에 의한 예술은 하늘과 같은 공중에서 이루어진다. 드론에 의한 예술 외에도 불꽃놀이, 공중곡예와 같은 것들이 공중에서 이루어지는 예술로 하나의 영역을 구축하고 있으나 지금까지는 이를 통칭할 용어가 없었다. 이 책에서는 공중에서 미적(美的) 작품을 형성하는 인간의 창조활동을 대지예술에 비견되는 개념으로서 '공중예술(Air Art 또는 Sky Art)'이라 정의하고 새로운 예술의 가능성에 주목하고자 한다.

공중예술은 대지예술과 같이 공간의 확장을 가져왔다는 점에서 공통점이 있다. 여기서 공간의 확장이란 단순히 용적의 확대만을 의미하지 않는다. 대지예술이 예술을 화이트 큐브에서 벗어나게 했다면, 공중예술은 예술을 지표면과 중력에서 해방시킨다. 아울러 2차원 공간에서 3차원 공간으로의 차원(次元)적 확장을 구현한다. 여기서 주목해야 할 점은 예술에 있어 공간의 문제는 예술을 담는 틀과 연관된 문제라는 것이다. 고대 그리스인들은 예술을 에르곤(ergon)이라 하고, 관람객 등 주변을 장식하는 것을 파레르곤(parergon)으로 명명했다. 그들은 에르곤과 파레르곤 사이에는 건널 수 없는 경계가 있다고 여겼으며, 따라서 예술에 대한 관람객의 개입을 용납하지 않았다. 절대로 넘나들 수 없는 공간의 불가침 원리를 통해 관객을 일종의 장식으로 전락시킨(이선형, 2018) 전통은 프로시니엄 무대[3] 등 극장건축술의 발전에 따라 강화되면서 오늘날까지 이어지고 있다.

---

3) 프로시니엄(proscenium) 무대는 이탈리아 르네상스 시대에 등장한 유형으로, 당시 예술분야에 활발하게 접목되기 시작한 원근법이 무대공간에 적용되면서 함께 등장했다. 1618년 이탈리아의 건축가 지오반 바띠스따 알레오띠(Giovan Battista Aleotti)가 설계한 떼아뜨로 파르제네(Teatro Farnese)가 프로시니엄 무대의 원형으로 알려져 있다. 관객들은 마치 사진액자와 같은 프로시니엄 아치를 통해서 투시도 효과가 강조된 무대를 바라본다. 관객의 시야를 한정 지음으

대지예술과 공중예술은 실내와 실외, 무대와 객석을 해체하면서 에르곤과 파레르곤의 경계를 허문다. 관람객은 더이상 예술가가 제시하는 전언을 맹목적으로 수용하는 존재가 아니다. 예술과 관람객이 섞임과 귀환을 통해 끊임없이 변화하고, 작용과 반작용을 통해 예술 작품이 만들어진다(이선형, 2018). 특히 이러한 탈중심화, 탈경계화는 3차원 공간에서 펼쳐지는 공중예술에서 보다 강화될 수밖에 없다. 그런데 사실 에르곤과 파레르곤의 경계파괴는 대지예술보다 공중예술에서 먼저 일어났는데 그 역사를 되짚어 올라가면 '불꽃놀이'가 있다.

밤하늘을 배경으로 펼쳐지는 '불꽃놀이(Fireworks)'는 화약류를 공중으로 쏘아 올려 빛, 소리, 열, 형태, 연기, 연막, 시간지연, 운동에너지 등을 조합해(안명석, 2008) 형형색색의 갖가지 모양과 패턴으로 불꽃이 터지게 하는 것으로 공중예술의 원류라고 할 수 있다. 찬란한 '순간'을 연출하기 위해 전부를 태우며 찰나에 사라져버리는 불꽃놀이를 가리켜 독일 철학자 아도르노(Theodor W. Adorno)는 '예술의 가장 완전한 형태'라고 찬사를 보낸 바 있다(진중권, 2006).

불꽃놀이는 12세기 중후반 중국에서 왕과 귀족들 사이에서 원시적인 형태로 행해졌다(이장철, 2017). 13세기에 불꽃놀이는 마르코 폴로(Marco Polo)가 이탈리아 피렌체를 비롯한 유럽으로 전파하면서 귀족층을 중심으로 유행했다. 음악에 맞춘 현대적 불꽃놀이가 처음 이루어진 것은 1960년 프랑스 칸영화제에서이다(국제신문, 2016). 불꽃놀이가

로써 집중을 유도하고, 무대연출에 필요한 장면전환과 특수효과 등을 위한 각종 무대장치들을 가리는 효과가 있어 보다 환상적이면서 사실적인 연출에 유리한 무대 환경 조성이 가능한 장점이 있다. 반면 무대공간의 4면 중 한쪽 면만 객석과 대면하는 구성이므로 배우와 관객, 관객과 관객 간에 발생하는 친밀감 조성에 불리하다.

예술이라는 인식은 1985년부터 시작된 캐나다 '몬트리올 국제 불꽃놀이 축제'에서 비롯되었다는 것이 일반적인 시각이다. 라 롱드 놀이공원에서 열리는 몬트리올 국제 불꽃놀이 축제는 음악에 맞춰 불꽃을 보여주는 이른바 '뮤지컬 불꽃놀이(Pyromusical)'로 유명하다. 영국 에든버러 지역에서 매년 개최되는 에든버러 국제 페스티벌의 불꽃놀이 역시 예술적인 완성도를 평가받고 있다. 일본의 대표적인 불꽃놀이로는 1910년에 시작된 오마가리 불꽃대회를 들 수 있다.

불꽃놀이는 국내에서도 예술 장르라는 인식이 확산되고 있다. 1988년 서울올림픽, 2006년 부산 APEC 정상회의 축하행사, 2017년 롯데월드타워 개장 등 각종 대형 이벤트와와 서울세계불꽃축제, 부산불꽃축제, 포항국제불빛축제 등 3대 불꽃축제(이장철, 2017) 등을 통해서이다. 최근의 사례로 2018년 평창동계올림픽 개회식 정식 공연 '쇼 6'에서는 전문 무용수들이 직접 불꽃놀이 장비를 몸에 부착하고 휴먼 퍼포먼스쇼를 선보였다. 이와 더불어 70미터 상공에서 불을 뿜어내는 '타워 쇼', 레이저 조명 등이 불꽃쇼와 함께 어우러지기도 했다(한국경제, 2018). 이처럼 불꽃놀이는 이제 단순한 불꽃쇼에서 한 단계 나아가 타 장르와의 융합, 새로운 시도를 통해 스토리와 메시지를 담아내는 멀티미디어 종합예술로 진화하고 있다.

한편 인간이 직접 공중에서 펼치는 퍼포먼스들도 최근 들어 예술로 인식되는 경향이 강해지고 있다. 바로 서커스(Circus), 그 중에서도 자유롭게 하늘을 날고자 하는 인간의 열망을 표현하는 공중곡예가 그렇다.

서커스의 역사는 기원전 5세기경 고대 로마의 '치르쿠스(Circus)'까지 거슬러 올라간다(고내현, 2018). 하지만 현대적인 서커스는 1770년 영국의 흥행사 애슬리(Philip Astley)가 런던의 템즈 강변에 공연을 진행할 수 있는 공간을 만들면서 시작됐다(신정아, 2010).

서커스가 단순 기예를 넘어 하나의 예술 장르로 인정하는 흐름이 나타난 것은 1970년대부터로 알려져 있다. 이른바 '아트서커스(Art Circus)' 혹은 '뉴서커스(New Circus)'라 불리는 것들이다. 새로운 서커스는 위험을 내세운 곡예보다는 뚜렷한 주제와 스토리라인(story line)을 중심으로 곡예와 연극성을 하나로 통합하는 특징을 갖는다(고내현, 2018). 대표적 사례로 태양의 서커스(Cirque du Soleil)를 들 수 있다. 태양의 서커스는 1980년대 브로드웨이 뮤지컬과 발레 등에서 아이디어를 가져와 참신한 주제와 스토리라인을 구축했다. 여기에 예술적인 음악, 무용, 분장, 조명을 활용해 그야말로 '새로운 서커스'를 만들어내며, 상업적 흥행과 더불어 예술적 차원에서도 대성공을 거두었다는 평가(신정아, 2010)를 받는다.

큰 천막 안에서 이루어졌던 공중곡예는 점차 야외로 나와 대형 퍼포먼스로 발전했다. 크레인과 줄을 이용하는 공중곡예부터 건물의 외벽이나 수직으로 높이 설치된 대형 패널·장치 등을 무대 삼아 암벽 등반 장비 등을 이용해 펼치는 버티컬(Vertical) 댄스 등 다양한 형식으로 구현되면서 시각적 즐거움과 호기심을 자극한다. 예를 들어 영국 와이어드 에이리얼씨어터(Wired Aerial Theatre)의 〈세상이 뒤집히던 날(As the World Tipped)〉에서는 대형 직벽무대가 등장하고, 배우들은 30m 높이의 공중에서 줄에 매달린 채 퍼포먼스를 펼친다. 또한, 프랑스 공연 팀 그라뜨 시엘(Gratte Ciel)의 〈천사의 광장(Anges des Places)〉에서는 순백의 옷을 입은 천사들이 공중을 날아다니며 깃털을 날리는 장면을 연출한다.

숙명적으로 새로움을 추구하는 예술에 있어서 새로운 기술은 더할 나위 없이 훌륭한 도구이자 소재이다. 이런 측면에서 주목할 만한 것 중 하나가 바로 공중예술이며 그 중심에 드론이 있다. 드론은 지표면에서 벗어나지 못했던 예술로 하여금 공간적 한계를 넘어설 수 있도록 지원한다. 또한, 예술가의 몸에 부착된 센서와 드론과의 연동은 예술가의 신체에 국한되어 있던 표현의 스케일을 확장시킨다.

맥루언(Marshall McLuhan, 1997)은 저서 『미디어의 이해』에서 망원경과 현미경이 눈의 확장을, 전화와 라디오는 귀의 확장을 가져온다고 주장한다. 그의 말대로 미디어가 인간의 능력을 확장시켜 보조하는 한, 그것이 어떤 종류든 초월성에 대한 욕망을 일으키는 것은 필연적이다(이원곤, 2010). 드론 역시 맥루언 식의 '인간 신체의 확장'을 구현하고 있으며 인간의 초월에 대한 욕망을 표현한다.

돈 아이디(Don Ihde, 1998)는 인간, 기계, 세계 간의 관계를 '체현 관계'라는 용어로 설명한다. 그에 따르면 기계와 인간은 세계를 이해하는 과정에서 서로 체현 관계를 맺으며, 이 관계 속에서 지각의 축소 또는 확대 등 지각의 변형이 일어난다. 드론예술 역시 돈 아이디의 '체현 관계' 속에서 지각의 확장을 가져다준다.

드론 군집비행

미국 인텔(Intel)사는 2015년 독일 함부르크, 미국 텍사스주 휴스턴의 슈퍼볼 하프타임 공연, 2018년 '평창동계올림픽' 개회식에서의 1,218대의 드론 등 다양한 이벤트를 펼치고 있다. 이처럼 드론 군집비행 기술은 예술 및 엔터테인먼트 현장에서도 주목하는 신기술이다. 다수의 드론이 협업하면 한 대의 드론으로 할 수 없었던 복잡한 임무도 수행할 수 있기 때문이다. 하지만 일정한 공간에서의 군집비행은 쉽지 않은 기술로 발생할 수 있는 충돌을 피하고, 드론을 원하는 방향으로 정교하게 보내주려면 움직이는 방법, 즉 '원칙'을 잘 만들어 각각의 드론들을 학습시킬 수 있는 프로그램이 필요하다. 이것이 바로 '군집 알고리즘'이다. 군집드론의 성패는 군집 알고리즘이 얼마나 정교한가에 달려 있다.

국내의 경우, 2015년 엠넷 아시안 뮤직 어워드(MAMA)에서 아이돌 그룹 '샤이니' 무대에 조명 갓을 씌운 드론 6대가 등장해 샤이니 안무에 맞춰 '칼군무'를 선보였다(동아사이언스, 2019). 2019년 3월에는 3.1절 100주년을 맞아 천안 독립기념관을 배경으로 LED를 탑재한 100대의 드론들이 태극기, 한반도 등의 모습을 연출한 바 있다(디지털타임즈, 2019).

그러나 이러한 드론 군집비행은 전장에서 말한 바와 같이 아직까지는 기술력을 홍보하기 위한 이벤트 성격이 강하다. 드론 대수를 놓고 미국, 중국 등이 펼치는 기록 경신 경쟁 속에서 드론 군집비행 퍼포먼스에 있어 예술성을 논하는 것은 쉽지 않다(테크M, 2018). 하지만 이미 드론에 의한 공중예술의 사례가 많이 등장하고 있으며, 문화예술로 승화된 첨단기술, 이른바 '컬쳐웨어(cultureware)'로의 진화(매일경제, 2018)가 진행 중이다.

공연예술과 드론

맥루언(Marshall McLuhan, 1997)은 저서 『미디어의 이해』에서 하나의 매체가 다른 매체의 힘을 어떻게 하면 이용 또는 방출할 수 있는가를 처음으로 발견해 내는 것은 언제나 각 분야의 예술가라고 했다. 새로

4차산업시대, 예술의 길

운 매체인 드론 역시 예술가들은 이를 활용해 다양한 미학적 시도와 새로운 경험을 제시한다. 특히 공연예술 분야에서 그 시도가 다각적으로 이루어지고 있다.

태양의 서커스(Cirque du Soleil)는 2016년 개막한 첫 브로드웨이 쇼 〈파라무어(Paramour)〉에 드론을 등장시켰다. 남녀 주인공이 서로에 대한 솔직한 감정을 내보이는 순간 10여 개의 전등갓이 공중으로 날아올라 빙글빙글 춤을 추며 환상적인 분위기를 연출한다. 전등갓은 앞뒤 혹은 좌우로 밖에 이동하지 못하던 무대장치들의 한계를 넘어 자유자재로 움직이는 경이로움을 선사한다. 이 전등갓들을 움직이는 것이 바로 드론이다.

일본에도 눈여겨볼 만한 퍼포먼스가 있다. 무용그룹 '일레븐 플레이(Eleven Play)'는 드론과 무용수들이 함께 춤을 추는 무대를 펼친다. 드론이 무용수의 움직임 정보를 실시간으로 받아 상호작용하는 방식으로 새로운 신체표현의 가능성을 엿보게 한다. 한편 우리나라에서도 2018년 7월 전주에서 국내 최초 드론예술공연 〈꽃심, 나르샤〉를 선보였다. 10여 대의 드론이 무용수를 돕고, 그림도 그리는 등 여러 가지 시도를 했으나 아직은 불안정하다는 평이다.

대지예술과 드론에 의한 공중예술

대지예술과 공중예술이 유사한 점은 작품 인식 방법에 있어 객체(예술작품으로서의 경관)와 주체(경관을 인식하는 인간)가 통합되는 새로운 개념을 보여준다(허슬기, 2007)는 것이다. 보다 구체적으로는 세 가지 측면에서 살펴볼 수 있다.

첫째, 예술과 대면하는 관상자(관객)가 일방적인 수용 대상자가 아니다. 즉 관객의 고유한 세계와 특정한 예술이 만남으로써 미를 창조해 내는 양방적 관계이다. 예술 창조가 미술관이나 극장 무대에서 벗어나 이루어지기 때문에 안과 밖의 구분이 유동적이고, 불확실하며, 비결정적인 장소에서 이루어진다(이선형, 2016). 둘째, 모든 자연이 작품 활동의 무대가 될 수 있으며, 3차원 공간에 구현되기 때문에 작품이 입체적이고 관람시점이 다중적이다. 마지막으로 공중과 자연을 배경으로 한다는 면에서 자연에서 자라고 소멸하는 소재를 갖고 작품을 창작하는 대지예술에 비견된다.

반면 대지예술과 드론에 의한 공중예술은 다음과 같은 점에서 차이가 있다. 우선 대지예술은 일정 시간이 지나면 작품이 사라져버리지만, 드론예술은 반영구적이다. 즉 일회성인 대지예술과 달리 드론예술은 특정한 규모 이상의 공간이 확보된다면 원하는 장소에서 반복해서 재현이 가능하다. 둘째, 대지예술은 특정 장소에 위치한 작품을 감상하기 위해 멀리 찾아가야 하거나, 거대한 규모의 작품 전체를 개관하기 위해 높은 곳에 힘들여 올라가는 수고를 감상자에게 강요하기도 한다. 하지만 드론예술은 관람 포인트를 편안하게 잡을 수 있으며 감상자에게 높은 곳에 올라가도록 강요하지도 않는다. 셋째, 대지예술은 장소특정적인 반면, 공중예술은 매번 다른 배경과 스카이라인을 선택할 수 있다. 또한 공중예술은 같은 공간이라도 밤과 낮에 따라 다르고 날씨에 따라서도 다양한 연출이 가능하다(김선영, 2018).

드론에 의한 공중예술과 불꽃놀이 및 공중곡예 비교
공중예술의 계보로 볼 수 있는 불꽃놀이, 공중곡예, 드론에 의한 예술은 그 표현 방식이 매우 다르고, 한계점도 명확하다.

불꽃놀이는 하늘을 배경으로 펼쳐지며, 동시에 수백만 명의 사람들이 불꽃예술을 즐길 수 있다. 그러나 규모가 큰 만큼 높은 비용이 수반된다. 2019년 롯데월드타워 불꽃쇼에서는 11분의 공연에 약 60억 원이 소요됐다(서울파이낸스, 2019). 뿐만 아니라 한글과 같이 구조가 복잡한 형태는 구현이 어렵다(한국경제, 2018). 매우 세밀하게 폭죽을 쏘는 것이 어렵기 때문이다. 또 다른 한계로는 만들어진 불꽃은 빠르게 소멸한다는 점과 폭발의 위험성으로 인해 안전지대 확보가 반드시 수반되어야 한다는 점이다.

한편 공중곡예는 실내나 야외에서 도구나 기구를 이용해 인간이 직접 공중에서 펼치는 연기인만큼 관객의 긴장감과 몰입도가 높지만, 중력에 지배받는 신체의 표현에는 한계가 있다. 짧은 낙하시간 안에 빠르게 묘기를 펼치거나 줄이나 기구에 의지해 한정된 구역에서 인간의 한계를 뛰어넘는 곡예를 선보여야 한다. 무대장치 혹은 곡예사의 작은 실수에도 바로 인명 피해가 발생할 수 있어 과감한 예술적 시도가 어렵다는 점도 한계점이다.

이에 반해 드론에 의한 예술은 불꽃놀이, 공중곡예와 같은 공중예술이 지닌 한계점들을 극복할 수 있는 요소들이 다수 존재한다. 우선 드론은 실내외 공간에 구애를 받지 않는다. 드론 숫자를 조절해 규모에 맞는 예술적 표현도 가능하다. 인간이 아닌 드론이 표현의 도구이기 때문에 불꽃이나 LED스크린, 심지어 배우를 탑재하는 등새롭고 도전적인 시도가 얼마든지 가능하다.

그 표현 방식과 한계점이 다른 불꽃놀이, 공중곡예, 드론에 의한 예술은 모두 과학기술의 발전에 특히 민감하게 반응하며, 기술이 한계를 극복하는 도구가 되기도 한다. 불꽃놀이는 폭죽의 정밀 사격을 위해 빅데이터 작업에 의존하며, 공중곡예는 새로운 기술 및 기계를 활용해 인간의 신체적 한계를 극복하고 표현을 확장한다. 드론의 경우 군집 알고리즘을 얼마나 정교하게 설계되느냐에 따라 섬세하고 정확한 움직임이 만들어지고, 홀로그램, 증강현실 등과 같은 기술과의 접목은 새로운 예술적 가능성을 연다. 이처럼 공중예술에 있어 신기술의 결합은 진부했던 연출 방식에서 벗어나 표현의 한계를 극복하고 새로운 패러다임을 개척하는 데 도움을 준다.

드론에 의한 공중예술의 의미와 전망

인류의 문명과 예술의 창조는 기술과 함께 발전해왔고, 예술과 과학기술은 세상에 새로운 것을 제안하는 창조의 과정을 공유하고 있다. 예술과 과학이 모두 재현을 추구한다는 공통점은 이 둘이 상호작용하는 매우 중요한 접점이 된다. 과학은 예술에 새로운 대상, 새로운 재현 매체, 새로운 세계관, 예술을 기록하는 새로운 방법, 인간과 예술 과정에 대한 새로운 이해, 과학의 비전과 언어를 제공한다. 예술은 과학에 새로운 재현 기법, 과학적 세계관의 정당화, 과학의 대중화, 세상에 대한 새로운 경험을 제공한다(전병태, 2013).

드론에 의한 공중예술은 그저 처음 보는 신기한 이벤트이자 기술적 진보에 대한 경외에서 비롯되는 일시적 버즈워드(Buzz Word)일 수도 있다. 또 앞서 지적한 것처럼 인텔 측이 자랑하는 자동추적기능과 충돌방지기능 등은 기술을 홍보하기 위한 것이거나, 미증유의 드론 수 기네스북 등재 등 단지 화젯거리에 불과할 수도 있다(김선영, 2018). 하지만 단순한 기계였던 드론이 새로운 예술적 표현을 가능케 하는 신매체가 되었음은 분명하다.

에디슨이 발명한 축음기가 음악을 감상하고 소비하는 개념 자체를 변화시킨 것처럼 드론 기술은 공중예술의 개념 자체를 변화시킬 수 있다. 백남준이 "예술가들은 오늘날 붓과 바이올린과 폐품들로 작업을 하듯이 언젠가는 축전지와 저항기와 반도체로 작업을 할 것이다"(엘리안 스트로스베르, 2001)라고 말했듯이 드론은 공중예술의 새로운 매체로서 앞으로의 예술가들에게 자연스러운 도구가 되고, 무대 연출, 관람 형태, 콘텐츠 유통 등에 있어 그 플랫폼 자체를 변화시킬 것으로 전망된다.

드론은 공중예술을 연출하는 데 있어 특수효과 혹은 위험을 담보로 한 인간의 도전을 넘어 독자적인 표현 매체로써 새로운 가능성이 점쳐지고 있다. 예술가의 상상력은 드론을 활용해 공간적인 상상을 자극하고 새로운 미학적 영역을 여는 중이다. 하나하나의 드론에 의상을 입히고 움직임을 조정해 개성을 부여하고 감정을 전달하는 것이 가능하다. 또 관객 머리 위를 포함해 공간 내 어디로도 목표한 시점에 도달해 특정한 임무를 수행할 수 있다. 카메라와 프로젝터를 설치한 드론은 가상현실, 홀로그램, 인터랙티브 모션센서 등 다양한 매체기술과 접목해 공중에 떠있는 스크린이 될 수도 있다. 그런가 하면 불꽃을 대신하는 특수효과가 되기도 하고, 관객들과 실시간 소통을 통해 인터랙티브 형상을 구현해 낼 수도 있다. 비디오 아티스트 백남준은 당시 신매체였던 비디오에 주목하고 '비디오아트(Video Art)'라는 새로운 예술장르를 창조해 냈다. 마찬가지로 드론에 예술가들의 온전한 상상력이 더해진다면 '드론에 의한 예술'이 하나의 독자적 예술 장르가 될 잠재력과 가능성이 충분하다.

새로운 예술 플랫폼으로서의 가능성

영국의 과학소설 작가 클라크(Arthur C. Clarke, 1973)가 에세이집 『Profiles of the Future』에서 "기술이 충분히 진보하면 마법과 구별할 수 없다"고 전한 것처럼 기술의 진보는 인간의 끝없는 상상력과 만나 마법 같은 예술을 창조한다. 또한, 프랑스 시인이자 비평가인 발레리(Paul Valery)는 커다란 과학기술 변화가 예술에 사용하는 기술, 예술수법, 나아가 예술 개념 자체를 변화시킬 것(최선주, 2019)이라 예언한 바 있다.

군사용, 물류배송과 같이 실용적인 용도 위주로 기술개발이 이루어지고 있던 드론은 2014년 전후로 공연예술 및 시각예술 분야에 접목되기 시작했다. 이후 예술적인 표현을 위한 군집 알고리즘, GPS 등 관련 기술이 발전하면서, 하나의 독자적인 영역을 구축해나가고 있다. 이 책에서는 이처럼 공중에서 펼치는 인간의 창조활동을 공중예술이라 정의하고 드론에 의한 예술을 불꽃놀이, 공중곡예의 계보를 잇는 공중예술로서의 새로운 예술적 가능성에 주목했다.

대지예술이 예술을 대자연으로 해방시켰다면, 공중예술은 공중과 하늘로 예술영역을 확장하고 있다. 탈중심화, 탈경계화 경향은 대지예술과 공중예술에 있어 예술과 관람객의 관계를 해체했고, 예술과 관람객이 서로에게 끊임없이 영향을 주며 변화하도록 만든다. 신기술의 등장과 기술의 발전은 예술의 공간적 영역을 공중으로 확장하게 했고, 예술가의 표현 스케일 또한 확대를 가져왔다.

기존의 예술적 표현의 경계를 넘어 새로운 경지를 개척(홍성욱, 2007)하고 있는 공중예술, 그중에서도 드론에 의한 예술은 새로운 예술의 한 장르로서 그 잠재력과 확장가능성이 충분하다. 또한, 다른 공중예술이 지닌 뚜렷한 한계점을 극복하고 새로운 예술적 표현을 가능케 할 것으로 기대된다. 아직까지는 기술력을 과시하는 군집비행에 초점을 맞추고 있으나, 예술가의 무한한 상상력과 창조력은 앞으로의 드론 예술에 대한 기대감을 불러일으킨다. 앤디 워홀의 실크스크린이나 백남준의 비디오처럼 드론은 예술의 창작과 감상의 시공간을 넓히며 예술 확장의 기회와 촉매제가 될 것이다.

4차산업시대,
예술의 길

4차산업시대
자화상을 그리는
101가지 방법

우리의 20대들이 가장 자존감이 낮아지는 순간은 언제일까?

외모 콤플렉스, 지인과의 갈등, 가족의 기대에 부응하지 못하거나 취업에 실패할 때…. 최근의 한 설문조사는 이 모든 것을 제치고 자존감이 가장 상하는 경우로 20대들은 소셜네트워크서비스(SNS)에 올라온 행복해 보이는 지인의 글을 볼 때를 꼽았다. 누군가의 SNS를 보며 가장 불행해지는 시대. 우리는 그런 세상에서 살고 있다. 물론 20대에 국한된 설문이긴 하지만 30대 이상의 중장년들도 전혀 해당하지 않는다고 말하기 어렵다. 소비자학자 김난도 교수는 "모든 사람들을 대상으로 가장 좋은 자신의 모습을 보여주는 SNS는 서로가 서로를 보며 부러움을 만들어 낼 수밖에 없는 매체"라고 말한다. 소셜미디어의 홍수 속에서 사람들의 자존감은 서로가 모르게 깊게 파이고, 고독은 깊어간다. 다양한 유익을 가져다주는 기술 발전의 어두운 이면일 터이다.

자신에 대한 성찰을 강화하는 시대

4차산업혁명 기술은 오늘날 우리의 존재 자체를 고민하게 만든다. 이른바 존재론(Ontology)의 변화에 따른 스트레스이다. 그동안의 우리는 자연 혹은 동물과 구분되는 존재였다. 교육의 출발점 또한 어느 면에서 동물과의 '구별 짓기'였을지도 모를 일이다. 계몽주의(Enlightenment)의 목표도 좀 넓게 말하면 인간을 자연 상태와 구별되게 하는 것이었다. 예술 역시 이러한 맥락에서 인간만이 할 수 있다는 자부심을 배경으로 추앙받으며 동경의 대상이 됐다.

하지만 이제 우리의 존재론적 고민은 그 방향성을 달리하고 있다. 인공지능과 로봇, 합성생물학 등 인체와 직간접적으로 관계있는 4차 산업혁명 기술의 기하급수적(exponential) 발전 때문이다. 뛰어난 암기력뿐 아니라 분석력과 사고력을 갖춘 존재, 오직 인간만이 할 수 있다고 여겨지는 창의성의 '성역'마저 호시탐탐 넘보는 인공지능이라는 존재를 바라보는 우리의 시선은 불안으로 흔들린다. '동물'이 아닌 '기계'와 구별되는 존재로서의 인간이 우리의 주된 관심사가 되어버린 시대! 낮아지는 자존감과 존재론적 고민의 먹구름을 함께 몰고 온 4차산업혁명의 바람이 거센 지금의 시대를 오히려 '자아성찰의 시대'라 불러야 하지 않을까.

일기를 쓰고, 책을 읽고, 명상을 하고, 여행을 떠나는 등 사람에 따라 '자아성찰'을 위한 방법은 다양하다. 그런데 이런 일반적인 방법 말고 좀 색다르다 싶은 방법이 뭐가 있을까? 최근 만난 한 미술관장은 자화상 그리기를 강력히 추천한다. 자기 자신을 바라보고 성찰하는데 자화상을 그리는 것만큼 도움이 되는 것이 없단다. 창의성도 기르고 타인을 이해하는 데도 도움이 된다는 말도 덧붙인다.

자화상은 말 그대로 자신의 얼굴을 그린 초상화이다. 얼굴은 '얼' 즉, '영혼이 살고 있는 굴'이라는 뜻풀이를 그대로 받아들인다면 초상화는 사람의 영혼을 드러내는 그림인 셈이다. 서양에서도 그 개념은 유사하다. 초상화를 뜻하는 영어 Portrait는 '드러내다', '끌어내다', '노출시키다'라는 뜻의 라틴어 Protrahere에서 유래했다. 동서양을 막론하고 예전부터 사람들은 '자신을 드러내는' 초상화를 좋아했다. 현존하는 가장 오래된 작품으로는 미이라 초상화(파이윰 초상화)가 꼽힌다. 이집트가 로마의 지배를 받던 1~4세기경에 제작한 것으로 추정된다. 로마 미술에서도 조상숭배나 황제숭배 등을 목적으로 한 초상이 큰 비중을 차지했다(칸바야시 츠네미치 외, 1994).

서양에서 인물화는 다른 그림에 비해 한층 더 대접을 받았다. 풍경화나 정물화에 비해 전통도 있을 뿐 아니라(서양에서는 바로크시대를 초상화의 전성기라 부른다),[4] 근대에 이르기까지 그 가치 또한 다른 그림 장르에 비해 높았으며, 그러한 전통은 오늘날까지도 이어지고 있다. 영국에서는 이미 19세기 중엽에 '국립초상화미술관'이 세워졌고, 석유회사 BP는 매년 초상화상(BP portrait award)을 수여하고 있을 정도이다.

서양의 권세가들은 초상화를 많이 남겼다. 자신의 현재 모습을 간직하기 위해 또는 후일에 사람들로 하여금 자신을 기억하도록 하기 위해 초상화를 그려 걸어뒀다. 6세기 중엽 이태리 라벤나에 있는 산 비탈레(San Vitale) 성당의 모자이크벽화로 제작된 〈유스티니우스 황제 부부의 초상〉을 비롯해서, 14세기 중엽에 그려진 〈프랑스 왕 장 2세의 초상〉, 거의 같은 시기에 그려진 〈우르비노 공 부처 두 폭 초상화〉 등 유명한 사례는 무수히 많다.

이러한 세도가의 초상화들은 주로 자신의 과시가 목적이다 보니 개성이 듬뿍 들어간 재미있는 작품도 눈에 띈다. 그중 16세기의 화가 주세페 아르침볼도(Giuseppe Arcimboldo)가 그린 '이중(二重) 이미지'의 초상화는 특히 이색적이다. 가까이서 보면 각종 야채와 곡물, 과일들의

---

4) 서구 회화사에서 초상화의 중요성이 부각되고, 사실적인 작품의 예가 많이 생겨나기 시작한 것은 14세기 후반부터이다(칸바야시 츠네미치 외, 1994).

조합이지만 조금 떨어져서 보면 사람의 얼굴이다. 특이하기도 하거니와 일견 우스꽝스럽게 보이기까지 한다. 그런데 놀라운 것은 이 초상화의 모델이 된 인물이 당시 신성로마제국의 황제인 루돌프 2세라는 점이다. 권세가 하늘을 찌르는 자신의 '용안'이 온갖 식물의 조합으로 그려진 것을 본 황제의 반응은 어땠을까? 예상과 달리 황제는 화를 내기는커녕 어린아이처럼 기뻐했다고 한다. 궁정화가 아르침볼도는 풍성한 수확을 거둔 황제의 업적을 칭송하려 했고, 루돌프 2세는 이를 간파했던 것이다(이명옥, 2008).

세월을 뛰어넘어 독특한 초상화를 제작하는 최근 작가로 마크 퀸(Marc Quinn)을 빼놓을 수 없다. 그는 본래 유전자 초상화를 만드는 아티스트로 노벨생리의학상 수상자의 DNA를 채취해 초상화를 제작하기도 했다. 그러나 정작 그를 유명하게 만든 것은 혈액을 이용해 만든 자화상 조각이다. 마크 퀸은 1990년대 초반부터 자신의 혈액을 응고시켜 주기적으로 초상 조각 '셀프(Self)'를 만들어 오고 있다. 어찌 보면 섬뜩하기도 하지만 자신의 본질적 내면을 보다 적나라하게 표현하고자 하는 의도라는 해석을 듣고 보면 수긍이 가기도 한다.

기술 발전에 따라 변화하는 초상화

이처럼 초상화 역시 기술의 발전에 따라 변신을 시도 중이다. 심지어 곰팡이를 이용해 만든 초상화도 있다. 영국 출신의 닉 베세이(Nick Veasey)는 엑스레이(X-Ray) 작가로 유명하다. 그에게 있어 오늘날의 세상은 너무나 피상적이고 천박하다. 겉치레의 이미지에 사로잡혀 있기 때문이다. 그에 따르면 엑스레이야말로 사물의 본질을 드러내기에 가장 적합한 소재이다. 그가 '엑스레이 초상화'를 고안한 이유이다.

자화상을 그리는 목적 역시 초상화와 비슷할 터이다. 하지만 자화상은 다른 사람들에 의해 그려진 초상화와 달리 아무래도 자기 과시보다는 자아성찰의 비중이 높다. 정신성의 표현에 뛰어났던 렘브란트(Rembrandt)를 비롯해 반 고흐(V. Gogh), 뒤러(Albrecht Dürer) 등 위대한 예술가들이 많은 자화상들을 남겼다. 인공지능 화가의 대표적 사례인 넥스트 렘브란트(Next Rembrandt)를 얘기할 때 자주 등장하는 렘브란트의 자화상은 삶의 황혼기를 그린 작품이다. 경제적 파산으로 인해 겪어야 했던 힘든 현실과 예술적 이상 사이에서 갈등하는 자신의 모습을 표현했다.

귀가 잘린 섬뜩한 자화상으로 유명한 고흐는 30점이 넘는 자화상을 그렸다. 경제적 어려움으로 모델을 구할 수 없어서 본인을 그렸다는 설이 있음에도 불구하고 그의 자화상을 감상하다 보면 위대한 화가의 예술적 열정을 저절로 느낄 수 있다. 자신을 깊이 들여다보려는 예술가의 고뇌 말이다.

어린 시절에는 누구나 그림을 많이 그렸다. 스케치북에 아빠와 엄마, 집과 나무, 하늘과 땅을 그렸다. 거기에는 대부분 우리 자신의 모습도 빠지지 않고 등장했다. 그러고 보면 자신에 대한 성찰은 어린 시절 그것도 유아기로 갈수록 더 많이, 더 자주 했는지도 모르겠다. 적어도 자화상 그리기만 놓고 보면 말이다. 우리는 나이를 먹으면서 자화상 그리기에서 멀어졌다. 잘 그리지 못한다는 이유로 혹은 부끄럽다는 이유로 혹은 시간이 없다는 이유로. 벤야민(Walter Benjamin)에 따르면 현대인은 '산만함'을 지각의 특성으로 한다. 재능의 유무를 떠나 늘 번잡한 일상 속에서 그림 그릴 여유가 없다. 더욱이 그림 도구를 들고 다니는 불편을 감수할 일반인이 몇이나 되겠는가. 하지만 이제 누구나 언제 마음만 먹으면 어디서든 자화상을 그릴 수 있는 환경이 만들어졌다. 바이브(HTC Vive)의 가상현실(VR)을 활용한 틸트 브러쉬(Tilt brush)가 등장한 것이다.

틸트 브러쉬는 2개의 콘트롤러를 사용해 가상의 공간에 그림을 그리는 3D 페인팅 프로그램이다. 연필, 지우개, 그림물감 따위가 없어도 틸트 브러쉬만 있으면 언제 어디서든 그림 그리기와 지우기의 반복이 가능하다. 헤드마운트 디스플레이(HMD)를 장착하고 3D 환경 속으로 들어가서 자유자재로 이동하면서 그림을 그릴 수 있다. X축, Y축, Z축을 이용해 공간 자체를 회전시키면서도 그리기가 가능하다. 재료의 제약이 없고, 반짝이는 효과를 주는 등 다양한 특수효과들을 사용하여 환상적인 분위기의 연출도 가능하다.

최근, 완성된 작품이 아닌 그림 그리기 과정 자체를 지켜보는 '라이브 드로잉'도 새롭게 조명받으며 하나의 장르로 자리 잡을 기세이다. 이 분야에서는 국내 최초의 VR 퍼포먼스 아티스트로 불리는 염동균을 비롯해 이재혁, 피오니 등이 유명하다. 해외에서는 2016년 에 데렉 웨스터만(Derek Westerman)이라는 사람이 25시간 동안 쉬지 않고 틸트 브러쉬 작업을 해서 기네스북에 오른 바 있다. 마음이 내키면 그의 기록에도 도전해 볼 수 있지 않을까. 자기 성찰에는 시간이 많이 걸리는 법이니까.

바야흐로 예술민주주의(Arts by All) 시대다. 엘리트예술을 보다 많은 사람들로 하여금 향유토록 하는 예술의 민주화에서 한 걸음 더 나아가 누구나 예술을 능동적으로 직접 해보는 것, 참여하는 것이 강조되고 있다. 자화상 그리기 또한 직접 해보는 예술이라는 점에서 예술민주주의의 징후 중 하나라고 볼 수 있겠다. 그저 손 가는 대로 자신을 그려보자. 발전 속도가 기하급수적으로 더하고 있는 기술을 활용하면 그리 어렵지도, 번잡스럽지도 않다. 바쁜 일상에 매몰돼 가는 나 자신을 표현하는 방법 또한 빠르게 늘고 있다. 무너져가는 자존감을 회복하고, 인공지능과 구별되는 인간 존재론의 고민에 답을 구해보자.

—

바이오아트,
영생의 꿈인가
죽음의 서사인가

영생(永生)! 인류 탄생 이래 변하지 않는, 그리고 포기할 수 없는 인간의 바람 중 하나다. 인간의 죽지 않으려는 열망은 생명공학 발전을 촉진했고, 덕분에 인류는 '100세 시대'라는 가시적인 성과를 목전에 두고 있다. 특히 4차산업시대를 맞아 유전학과 분자생물학은 컴퓨터공학과 통계학, 물리학과 결합하면서 혁명적 변화를 이끌어내고 있는 중이다.

기존의 생명공학이 신체 기형이나 손상을 치료하는 데 그쳤다면, 이제는 줄기세포와 조직 배양, 유전자 분야에서의 괄목할만한 성과로 인해 다양한 인공기관을 개발하는 단계를 맞고 있다. 이 성과를 더 확장하면 사람은 자신이 원하는 모습으로 신체를 완전하게 재구성할 수도 있다. 이러한 노력들의 최종 목표는 물론 영원히 사는 인간의 꿈을 구현하는 데 있다. 기계 지능이 조만간 사람 지능을 뛰어넘을 날이 올 것이라고 주장하는 레이 커즈와일(Ray Kurzweil)을 비롯한 특이점주의자(Singularitarian)들의 연구가 향하는 최종 목적지 역시 영생(永生)이다.

그러나 이런 장밋빛 전망 혹은 기대는 다른 한편으로 불안과 신경증, 숱한 의구심을 낳는다. 영생은 이룰 수 없는 헛된 망상에 불과한 게 아닌가? 설령 영생이 실현된다 할지라도 영생이 이루는 세상은 과연 유토피아인가? 신으로부터 부여받은 생명을 사람이 제멋대로 조작하는 것이 윤리적이고 옳은가?

4차산업시대, 예술의 길

과학기술 중 생명공학만큼 끊임없는 회의와 수많은 사회적 논란을 불러일으키는 분야 또한 찾기 어렵다. 비근한 예로 기후온난화로 인한 자연재해 앞에 무기력을 하릴없이 경험하곤 하는 우리 자신을 돌아보면 영생을 꿈꾸는 것이 얼마나 허망한 일인가. 멀리 갈 것도 없이 가혹한 무더위에 지쳐 호들갑을 떨어야 했던 2018년의 여름을 돌아보자. 대자연 앞에서 영생이나 생명을 연장하려는 시도는 그야말로 '주제넘은' 짓일 수 있다.

바이오아트

바이오아트(Bio Art)는 생명공학의 발전에 따른 이런 혼란스러운 상황을 그 무엇보다 먼저 예민하게 포착한다. 그리고 물신화한 생명을 가혹하게 비판함과 동시에 대안의 모색을 촉구한다. '뉴미디어 아트 (New Media Art)'[5]에 속하는 바이오아트는 과학기술을 기반으로 확장한 미술 형식이다. 주로 생명공학 기술과 예술적 상상력을 결합해 살아있는 생명체를 다루거나, 마치 생체실험과 같은 방식으로 창작하는 예술을 일컫는다. 증강현실(AR)이나 가상현실(VR)을 활용한 '비물질적' 예술과 달리 바이오아트는 물질[6]을 강조한다.

바이오아트는 비교적 최근에 활기를 띠고 있는 장르이긴 하지만 최초의 전시는 1936년에 뉴욕현대미술관(MoMA)에서 열린 '스타이켄 참

---

5) 1994년 허스트(Hearst) 그룹 등 미국의 주요 미디어 회사들이 '뉴미디어협회'라는 단체를 조직하며 그 계기로 미술가, 비평가들은 상호작용적 설치작품, 가상현실과 웹을 활용한 예술 등 디지털매체를 사용한 예술작품을 뉴미디어아트라고 칭하기 시작했다. 마노비치(Manovich, 2001)는 이러한 뉴미디어 아트의 원리를 최근의 컴퓨터화에 따른 새로운 문화의 형식을 규정하면서 수적재현, 모듈성, 자동화, 가변성, 문화적 부호변환으로 정리한 바 있다(김선영·이의신, 2018).

6) 물질화는 아이디어나 개념을 중시한 개념미술의 '탈물질화'의 경향에 대비되는 개념이다. 이에 대해 에두아르도 카츠(Eduardo Kac)는 미적 대상에 대한 '재물질화(rematerialization)'라고 불렀다(전혜숙, 2018).

제비고깔'전으로 거슬러 올라간다. 세계적인 사진가 에드워드 스타이켄(Edward Steichen)은 자신이 26년간 기른 참제비고깔[7]을 전시하면서 살아있는 생명체를 미술관에 전시하는 첫 사례를 남겼다. 지금이야 살아있는 동식물을 전시하는 사례가 흔하지만 당시로서는 이례적인 사건으로 받아들여졌다. '생명체 전시'에 대한 세간의 의구심에도 불구하고 이 전시는 살아있는 작품과 예술 간 거리를 좁혔다는 호평을 받았다.

또 다른 대표적 바이오아트 전시로는 '낙원을 향하여: 유전자혁명 그리기(Paradise Now: Picturing the Genetic Revolution)'가 있다. 2000년 9월, 뉴욕의 엑시타트(ExitArt) 화랑에서 열렸다. 게놈 프로젝트와 관련된 유전자 치료와 복제와 같은 다양한 관점에서 유전공학 문제를 다뤘던 이 전시에는 미국과 유럽 바이오 아티스트 39명이 참여했다. 국내의 최근 사례로는 2018년 대전시립미술관이 개최한 '대전비엔날레'를 들 수 있다.

바이오아트는 크게 생명공학 자체를 주제로 한 것과 생명공학 기술을 활용해 예술가가 표현하고 싶은 주제를 표현하는 것으로 나눌 수 있다. 전자는 '바이오토픽 바이오아트(Biotopic Bioart)'라 부른다. 주로 유전공학 같은 각종 바이오 기술로 인해 발생하는 다양한 사회문제나 윤리에 대한 비판적 시각을 전달하고자 한다. 표현방식은 전통적인 회화와 사진은 물론 비디오와 설치, 퍼포먼스 등 다양하다. 후자는 '바이오미디어 바이오아트(Biomedia Bioart)'로 예술가들이 살아있는 세포나 조직을 이용하는 생물학적 실험을 실행하고 그 자체가 작품이 되는 예술을 가리킨다(전혜숙, 2012).

---

7) 남유럽이 원산지인 관상용 식물. 높이 30~100cm이고 가지가 갈라지며 윗부분에 짧은 털이 있다. 잎은 어긋나고 손바닥 모양으로 갈라지며 갈래조각은 줄 모양이다(네이버 지식백과).

한편 바이오아트는 작품에서 다루는 생명공학 분야에 따라 분류되기도 한다. DNA를 활용한 예술, 유전자변형 예술, 조직공학 예술, 신체 또는 생명 자체를 다룬 예술 등이 그것이다. 더 폭넓게 기술적 보철(사이보그) 예술도 여기에 포함된다 할 수 있다.

먼저 DNA를 활용한 예술에서 대표적인 사례로는 〈스트레인저 비전스(Stranger Visions)〉가 있다. 어느 날 미디어 아티스트 듀이해그보그(Heather Dewey-Hagborg)는 벽에 걸린 액자의 틈에 끼어있는 누군가의 머리카락을 우연히 발견한다. 이내 그는 DNA분석으로 머리카락뿐 아니라 다양한 사물의 주인공을 묘사해 내고 싶다는 다소 엉뚱한 아이디어를 떠올린다. 그는 거리를 돌아다니며 화장실이나 공원 같은 곳에 떨어져 있는 머리카락이나 담배꽁초 등을 실험실로 가져왔다. 원심분리기를 이용해 DNA를 분리해내서 피부색이나 눈 색깔, 성(性) 등을 분석하기 위해서이다. 〈스트레인저 비전스〉는 바로 이런 분석결과를 이미지로 형상화한 후 3D 프린터로 출력해서 만든 작품이다. 우리는 CCTV에 의한 감시를 일상으로 받아들이고 있다. 하지만 〈스트레인저 비전스〉는 생물학적 차원에서도 감시당할 수 있다는 섬뜩한 메시지를 처연하게 던진다.

유전자 분석보다 더 충격적으로 다가오는 바이오아트의 장르는 이른바 유전자 변형예술 또는 트랜스제닉 아트(Transgenic Art)이다. 브라질 출신의 카츠(Eduardo Kac)는 바이오아트라는 용어를 처음 사용한 인물로 알려져 있다.[8] 하지만 그가 정작 세계적인 유명세를 탄 건 2000

---

8) 바이오아트는 1997년 카츠(Eduardo Kac, 1962~)가 자신의 신작 '타임캡슐(Time Capsule)'에 처음으로 단어를 사용하면서 알려졌다. 그는 스스로를 '유전자 전이 예술가'라고 불렀다. 디지털 기술을 매개로 한 뉴미디어와 유전자 공학 및 생물학을 미술로 끌어들이며 'holopoetry',

년에 제작한 유전자 변형예술작품인 〈GFP 버니(GFP Bunny)〉[9]때문이다. 그는 흰색 토끼에 발광해파리의 유전자를 주입해 유전자 변형을 시도했다. 그 결과 어두운 곳에서 자외선을 받으면 마치 해파리처럼 녹색 빛을 발산하는 형광토끼 '알바(Alba)'가 만들어졌다. 유전자 색채정보가 왜곡됨으로써 체내 색소가 결핍된 이른바 알비노 토끼이다. '알바'는 실험실에서 유전자 조작으로 만들어진 최초의 예술작품으로 꼽는다.[10]

그런데 카츠의 실험적 예술은 동물에서 그치지 않았다. 급기야 유전자 조작 예술작품의 대상을 사람에게까지 확대하기에 이른 것이다. 그는 〈수수께끼의 자연사(Natural History of Enigma, 2009)〉라는 작품에서 자신의 혈액에서 면역유전자를 추출해 이를 피튜니아꽃에 이식했다. 식물세포와 동물세포의 원형질을 융합하는 '세포 플랜티멀(Plantimal) 기술'을 통해 꽃과 자신의 DNA를 공유하기 위해서다. 피튜니아꽃은 카츠 자신의 붉은 피부색을 연상시키는 빨간 잎맥을 가진 새로운 종(species)으로 재탄생했다.

예술과학 스튜디오 실험실인 C-LAB의 공동 창립자이자 바이오아

'biotelematics', 'biobot'(bio-robotics), 'art gene', 'transgenic art' 등과 같은 개념들을 만들어냈다. 카츠는 유전공학 기술을 이용하는 이러한 바이오아트를 '유전자이식 미술(transgenic art)'이라고 불렀다. 그는 유전자이식 미술을 "자연적인 혹은 합성된 유전자를 한 유기체에 이식시키거나 한 종(種)의 유전자를 다른 종에 이식시켜 독특한 생명체를 만드는 유전공학 기술 사용에 기반을 둔 새로운 미술형태이며, 고도의 주의를 요하는 방식을 사용하고, 무엇보다도 생명을 존중하고 사랑해야한다는 복잡한 문제를 인식해야하는 미술"이라고 정의했다(전혜숙, 2018).

9) GFP란 태평양 북서부에 서식하는 평면해파리(Aequorea Victoria)에서 추출한 유전자물질로, 자외선(UV) 혹은 푸른빛에 노출되었을 때 밝은 초록 형광빛을 방출하는 단백질을 말한다(전혜숙, 2018).

10) 카츠는 유전공학 기술을 이용하는 이러한 바이오아트를 '유전자이식 미술(transgenic art)'이라고 불렀다. 그는 유전자이식 미술을 "자연적인 혹은 합성된 유전자를 한 유기체에 이식시키거나 한 종(種)의 유전자를 다른 종에 이식시켜 독특한 생명체를 만드는 유전공학 기술사용에 기반을 둔 새로운 미술형태이며, 고도의 주의를 요하는 방식을 사용하고, 무엇보다도 생명을 존중하고 사랑해야한다는 복잡한 문제를 인식해야하는 미술"이라고 정의했다(전혜숙, 2018).

4차산업시대, 예술의 길

트스트인 로라 신티(Laura Cinti)는 〈선인장 프로젝트(The Cactus Project, 2004)〉에서 사람의 유전자를 선인장에 주입해 선인장 가시가 머리카락처럼 변하는 작품을 시도했다. 또 미국의 아티스트이자 과학자인 헌터 콜(Hunter Cole)은 〈살아있는 빛 : 발광 박테리아의 빛에 의한 사진(Living Light: Photographs by the Light of Bioluminescent Bacteria)〉 시리즈에서 빛을 내는 박테리아에 자신의 DNA를 주입한 뒤 성장과 소멸 과정을 영상으로 담아내기도 했다.

한편 예술가가 스스로 자신의 신체를 실험대상으로 하여 예술작품을 제작하기도 한다. 2011년 프랑스의 마리옹 라발 장테트(Marion Laval-jeantet)는 〈말이 내 안에 살기를(may the horse in me)〉이라는 작품으로 세계적인 주목을 받았다. 자신의 신체에 말 혈장을 수혈받고, 이로 인해 발생하는 몸의 내분비계와 신경계의 변화를 퍼포먼스화 한 것이다. 동물과 자신의 융합을 시도함으로써 동물에 대한 인간의 우월의식이 근거가 없다는 것을 일깨우고자 했다. 특별한(?) 예술혼이 아니고는 엄두를 내기 어려운 일이다.

조직공학(Tissue Engineering)[11]을 활용한 바이오 아티스트로는 호주의 행위예술가 스텔락(Stelarc)이 손꼽힌다. "사람의 신체는 고루하다(The human body is obsolete)!" 그가 1970년대부터 자기 신체와 기계장치를

---

11) 20세기 초에 시작한 조직배양기술에서 발전된 학문이다. 결함이 있거나 상처 난 신체부분의 기능을 대체하고 보조할 목적으로, 한 존재의 일부 조직을 체외에서 3차원으로 성장시켜 원하는 모양으로 만들거나 통제하는 것을 말한다(전혜숙, 2013). 1907년, 미국의 로스 해리슨(Ross G. Harrison)이 개구리의 신경 세포를 신체외부에서 배양하는 데 성공하여 조직 배양의 가능성을 확인했다. 1990년대 말, 베이컨티 형제는 쥐의 등에 사람 귀 모양을 성공적으로 배양함으로써 본격적인 본격적인 조직 공학(tissue engineering)의 시대가 시작되었다(신승철, 2013).

결합한 퍼포먼스를 발표하면서 사용한 슬로건이다. 2006년에는 조직공학을 이용해 자기 팔에 귀를 이식한 〈추가된 귀: 팔 위의 귀(Extra Ear: Ear on on Arm)〉라는 작품으로 세계인의 이목을 끌었다. 이어서 스텔락은 추가된 귀에 실제로 마이크를 장착해 당시 수술을 담당했던 의사의 목소리를 전달하는 데 성공하기도 했다. 인간의 몸은 '다른 에이전트를 위한 숙주'이기 때문에 자기 신체의 독점적 사용권은 포기되어야 한다는 스텔락 자신의 주장을 실제로 구현한 것이다. 하지만 불과 몇 주 뒤 찾아온 심각한 염증 탓에 스텔락은 강력한 항생제를 오랫동안 복용해야 했다(신승철, 2013).

조직공학의 발달은 세포 조직 자체를 예술적으로 표현할 수 있게 했다. 마티직(Reiner Maria Matysik)의 〈인간의 저편(2010)〉은 조직 세포를 배양해 전시를 위한 '살아 있는 조각(Living sculpture)'을 시도한 작품이다. 마티직은 자신의 피부와 혈액, 연골 조직을 일부 떼어내 기초적인 신진대사와 세포 호흡을 가능하도록 특별히 고안된 실험실에서 배양했다. 신체조직은 미리 만들어 놓은 틀을 따라 자라났고, 이 작품은 베를린에서 전시되었다.

신체 또는 생명 그 자체가 작품 소재가 되는 바이오아트도 있다. 크래스노우(Andrew Krasnow)가 1996년에 만든 〈48 성조기(48 Stars Flag)〉는 사람 피부로 제작한 성조기로 논란을 일으킨 너무나 유명한 사례다.[12] 또한, 영국 출신으로서 〈소변 꽃(Piss Flowers)〉[13]으로 잘 알려진

---

12) 1996년 〈48성조기(48 Stars Flag)〉가 미국 피닉스 미술관(The Phoenix Art Museum)에 전시되었을 때, 약 2,500명의 성난 군중이 모여 시위를 벌였다. 당시 공화당 상원의원이자 대통령 후보였던 밥 돌(Robert Joseph "Bob" Dole)과 대변인 뉴트 깅리치(Newt Gingrich)도 수정헌법 제1조에 규정한 자유의 한도를 넘어서는 역겨운 전시라고 비판했다(신승철, 2013).

헬렌 채드윅(Helen Chadwick)은 사람의 배아 발전 단계를 사진으로 찍어 천체의 행성을 표현하기도 했다.

앞서 언급한 로라 신티(Laura Cinti)는 장미를 우주 환경에 두는 실험을 예술작품으로 만들기도 했다. 〈화성의 장미(Martian Rose, 2007)〉는 화성과 유사한 환경을 갖춘 모의실험실에 장미를 두고 6시간 동안 관찰하는 이벤트였다. 모의실험실의 온도는 영하 60~130도에 달한 반면, 기압은 지구 기압의 1%에 불과했다.

또한, 바이오아트의 선구자 중 한 사람인 수잔 앵커(Suzanne Anker)는 화초를 활용한 조각품이라고 할 수 있는 〈우주농업(Astroculture, 2010)〉을 선보였다. 그는 미국항공우주국(NASA)에서 아이디어를 얻어 LED 불빛으로 식물이 자라게 했다. 우주에서도 식물 배양이 가능할 것인가라는 상상력을 예술로 구현한 것이다.

비윤리인가 공감의 예술인가

바이오아트는 재현(mimesis)하는 예술의 전통에서 벗어나 예술가 스스로 생명을 다루는 창조자로 위치를 점하는 예술로 평가받기도 한다. 이때 생명이 지닌 미적 가능성은 바이오아트의 출발점이자 지향점이다.

물론 바이오아트는 생명 그 자체를 소재로 한다는 측면에서 필연적으로 윤리 문제를 일으키기도 한다. 그중 하나는 바이오아트가 생명을 유희의 소재로 사용할 것을 독려한다는 혐의이다. 호주의 바이오

---

13) 헬렌 채드윅이 1992년에 눈에 소변을 보면 생겨나는 형상을 청동조각으로 만든 작품. 여성의 강하고 따뜻한 소변은 음경 형태로, 남성의 확산되고 상대적으로 차가운 소변은 여성의 것으로 표현되며 인간 생식기의 역전을 보여준다(https://fineart.ac.uk/works.php?imageid=bt0005).

아티스트 나탈리 제레미옌코(Natalie Jeremijenko)가 출간한 〈창조적 바이오테크놀로지: 사용설명서〉가 대표적이다. 이 책에는 실험용 쥐의 구입방법부터 피부배양법에 이르기까지 바이오테크 활용법을 상세히 소개되어 있다. 이 책은 출간되자 마자 사람들로 하여금 누구나 쉽고 자유롭게 바이오테크놀로지를 즐길 수 있도록 독려함으로써(신승철, 2013) 생명의 신성함을 모독한다는 세간의 비난을 받았다. 카츠의 말대로 "무엇보다도 생명을 존중하고 사랑해야한다는 복잡한 문제를 인식해야하는 미술"임이 분명하다.

그러나 바이오아트는 작품설명서를 보는 것만으로도 누구나 쉽게 이해할 수 있다는 측면에서 톨스토이의 예술론[14]에 근접한 장르이다. 막대기나 붓으로 물감을 뿌리는 액션 페인팅(Action painting)[15]으로 우리에게 잘 알려진 잭슨 폴락(Jackson Pollock)은 "내가 자연이다"라고 말했다. 마음의 무의식적인 부분까지도 자연의 일부라는 의미이다(Arthur C. Danto, 2015). 그런데 폴락의 보이지 않는 무의식을 그 누가 알 수 있겠는가. 반면 바이오아트가 지닌 핵심은 생활에 파고든 생명공학 발전상을 관람자로 하여금 직접 만지고 느끼고 상상하게 하는데 있다. 무엇보다 바이오아트는 생명을 다루기 때문에 상대적으로 공감이 쉽다.

---

14) 톨스토이는 〈예술이란 무엇인가〉에서 "예술은 이치로 따져서는 이해가 안 되고, 납득이 어려운 것을 이해할 수 있도록 접근시키는 일이다. 대개 정말로 예술적 인상을 받으면 모두가 전부터 알고 있었는데 다만 표현을 못했던 것처럼 생각한다"고 말했다.
15) 제2차 세계대전 후 주로 뉴욕을 중심으로 일어났던 추상회화의 한 경향. 처음에는 폴록(Jackson Pollock, 1912~1956)이나 드 쿠닝(Willem De Kooning, 1904~1997)같이 제스처를 중시하거나 드리핑 기법을 사용한 회화(드립 페인팅)를 가리키는 말이었으나, 곧 미국인에 의한 최초의 미국적 전위미술이라 인정받는 추상표현주의 회화와 거의 같은 의미로 확장되어 사용됨(네이버 지식백과).

4차산업시대, 예술의 길

바이오아트가 생명 본질에 대한 깊은 성찰이나 영생의 꿈을 그리고 있는지, 아니면 유전자 조작이나 변형이 가져다줄지 모르는 재앙의 그림자가 드리워진 죽음의 디스토피아(dystopia)를 묘사하는지는 작품을 통해 확인해 볼 일이다.

4차산업시대,
예술의 길

chapter
07

평창 스타 인면조와
한국 키네틱 아트의
가능성

✳

평창동계올림픽은 진작에 끝났지만 드론, 미디어 파사드 등 첨단기술과 어우러진 화려한 개·폐막식의 여운은 여전히 남는다. 그중에서도 여전히 누리꾼들 사이에서 화제를 이어가는 이벤트를 꼽으라면 단연 '인면조(人面鳥)'이다. 처음 등장했을 때만 해도 비호감을 드러내는 사람들이 많았던 것 같다. 하지만 시간이 지날수록 처음의 생경한 느낌은 호기심으로, 나아가 호감으로 반전되는 양상이다. 외모에서 풍기는 묘한 매력도 있거니와, 고구려 시대까지 거슬러 올라가는 역사적 배경도 우리의 자긍심을 일깨운다. 물론 외국 사람들의 반응도 뜨겁다.

키네틱 아트

인면조는 다른 마스코트들과 함께 '인형', '퍼핏' 등으로 불렸다. 하지만 구동 메커니즘에 의해 움직인다는 측면에서 키네틱 아트(Kinetic Art)라고 불러도 무리가 없어 보인다.

키네틱은 움직임(movement)을 뜻하는 그리스어 '키네시스(kinesis)'에서 따온 용어다. 그러니까 키네틱 아트는 한마디로 움직이는 예술 작품이다. 얼핏 옵아트와 비슷해 보여 헷갈리기도 하지만 키네틱 아트는 작품 그 자체가 움직인다는 면에서, 작품은 고정된 채 움직임을 표현해 마치 화면이 움직이는 듯 착각을 불러일으키는 옵티컬 아트(Optical Art) 혹은 옵아트와 구별된다.

키네틱 아트의 시작으로는 남성용 소변기를 작품화한 〈샘〉으로 유명한 마르셀 뒤샹(Marcel Duchamp)의 1913년 작품 〈자전거 바퀴〉를 꼽는다. 하늘을 향해 거꾸로 놓인 자전거 바퀴를 돌리면 가운데 바큇살의 모습이 사라졌다가 서서히 멈추면서 다시 원래 모습이 드러난다.

마치 어린 시절 놀이를 보는 듯 단순한 이 작품은 '조각은 움직이지 않는다'는 고정관념을 깬 당시로선 혁신이었다. 그로부터 얼마 후인 1920년 러시아 출신의 조각가 가보(Naum Gabo)와 페브스너(Antoine Pevsner)가 '리얼리스트 선언(Realist Manifesto)'을 통해 '키네틱'의 개념을 처음으로 정립했다. 이후 1960년대까지 꾸준히 등장했던 키네틱 아트를 이끌었던 작가로는 마르셀 뒤샹을 비롯해 블라디미르 타틀린(Vladimir Tatlin), 라즐로 모홀리 나기(Laszlo Moholy-Nagy) 등이 있다.

그중에서 우리에게 가장 친숙한 작가라면 단연 1930년대를 풍미했던 알렉산더 칼더(Alexander Calder)이다. 색칠한 금속조각과 철사를 이용해 만든 칼더의 모빌 조각은 공기의 움직임에 따라 혹은 보는 사람의 움직임에 따라 끊임없이 변화한다.[16] 끊임없는 움직임! 우리는 대부분 유년시절에 한 번쯤 이 부분에 매료된 적이 있지 않은가. 키네틱 아트의 주요 작가 중 한 사람인 바자렐리(Victor Vasarely)[17]도 "움직임에 대한 아이디어는 어린 시절부터 나의 마음에 붙어다녔다"라고 고백한다(Lucie-Smith, 1990: 174).

그런데 사실 키네틱 아트는 1960년대 옵아트와 대비되며 잠시 주목받은 것을 끝으로 오랫동안 세간의 관심에서 멀어졌다. 옵아트를 눈

---

16) 키네틱아트의 특성 중 하나인 무중력감은 칼더에게서 비롯되었다고 해도 과언이 아니다. 칼더는 모든 작품에서 무중력의 역학을 적용하여 당시의 미술에 큰 영향을 준 조각가였다. 칼더는 1930년대에 모빌을 처음 전시했는데 그 원초적 아이디어는 자신이 만든 섬세하고 재미나는 장난감 서커스에서 얻었다고 한다(Lucie-Smith, 1990).
17) 바자렐리는 원래 옵아트의 시조로 알려져 있다. 1908년 헝가리 태생으로 의학공부를 하다가 미술학교에 들어가게 되었고, 1928-9년에는 알렉산더 볼트니크의 뮤헬리 아카데미(부다페스트 바우하우스)에서 공부했다(Lucie-Smith, 1990).

의 착시현상을 이용한 키치(Kitsch)라고 깎아내리는 동시에 키네틱 아트 역시 단순하게 재미를 추구하는 '유희'로 간주했기 때문이다. 이에 대해 미술 전문가들은 몇 가지 교훈을 제시하고 있다. 우선 키네틱 아트는 기초적인 동력이나 빛의 움직임에만 의지해 움직임을 표현하려 했다. 단순히 구성주의적 일반 예술 오브제에 움직임만을 더한 것이었다고 비판한 예술평론가 잭 번햄(Jack Burnham)의 지적처럼, 1960년대 당시의 최첨단기술을 활용하는데 소홀했던 것이다. 이는 로보틱 아트(Robotic Art)나 사이버네틱 아트(Cybernetic Art)와 같은 당시 떠올랐던 예술과 대비되는 것이다.

다음으로 조금만 관찰하다 보면 움직임의 패턴을 쉽게 알 수 있어 이내 사람들의 싫증을 유발하게 됐다. 이는 상호작용성이 없기 때문이다. 기술적인 면에만 집중하다 보니 '인간'과의 조화를 고려하지 못했고, 이에 대한 이론 또한 형성할 수 없었다. 단순히 움직이는 작품을 유희적으로 바라보는 것에서 그치는 것이 아니라 근본적인 탐구가 필요했다는 것이다. 관람자와의 관계는 물론 예술과 과학의 융합, 기계문명에 따른 새로운 미와 철학 등과 같은 것들 말이다.

기술과 융합한 미술

기호학자 움베르토 에코(Umberto Eco)에 따르면 현대의 예술 그중에서도 특히 추상예술은 본질적으로 '불확정적'이다. 보는 이로 하여금 여러 방식으로 작품과 관계를 맺을 수 있게 다양한 요소를 '배치'하는 것, 그리하여 다양한 해석이 가능하도록 하는 것, 그것이 현대 추상예술의 전략(?)이다.

우리는 칼더의 모빌 조각을 보면서 다의적이면서도 모호한 메시지에 자신도 모르게 끌려들어가 급기야 참여의 단계까지 이르는 경험을 하게 된다. 평창동계올림픽의 인면조에 쏠린 관심은 고구려 덕흥리 고분에서 따온 독특한 캐릭터에도 그 원인이 있겠지만, 다른 한편으로 바로 이런 매혹의 메커니즘 때문은 아닐까.

기술의 발전은 그 시대의 세계관에 늘 영향을 끼쳐왔다. 그리고 이는 예술을 통해 시각화됐다. 키네틱 아트의 궤적을 쫓다 보면 20세기 초 미술이 어떻게 기술과 결합되었는지 그 과정을 짐작할 수 있다. 키네틱 아트 자체가 구성주의(Constructivism)를 비롯해 미래주의(Futurism), 다다이즘(Dadaism) 등 기술과 밀접한 다양한 미술 운동으로부터 영향을 받았기 때문이다. 구성주의는 러시아혁명을 전후한 시기 모스크바에서 일어나 서유럽으로 퍼져나갔다. 금속이나 유리 등 근대 공업에서 파생된 신재료를 사용해 기능성을 중시하는 동시에 기계주의적이고 역학적(力學的)인 표현을 강조했다. 한편 이탈리아에서는 미래주의[18]가 생겨나 기계문명이 가져온 도시의 역동감과 속도감을 새로운 미(美)로써 표현하려 했다. 다다이즘[19] 역시 이와 유사하게 당시 사회의 역동성을 에너지와 기계에 대한 예찬으로 풀어냈다.

테오 얀센

키네틱 아트 중 근래 들어 최고의 화제작을 꼽으라면 단연 테오 얀센(Theo Jansen)의 작품들이다. 네덜란드 출신인 얀센은 '21세기의 레오나르도 다빈치'라고 불린다. 10여 년 전 BMW 광고에 자신의 작품

---

18) 미래파는 20세기초 이탈리아를 중심으로 일어난 예술운동으로, 시인 마리네티가 1909년 2월 20일자 〈피가로〉지에 최초로 '미래파 선언'을 발표한 데서 시작되었다. 조형적인 측면에서 대상의 물질을 파괴하고 큐비즘에서 얻은 동시성의 사상을 화면에 정착시켰지만 1915년 중지되었다(심철민, 2017).
19) 다다이즘은 1916년 스위스 취리히에서 시작하여 독일 및 중부 유럽을 거쳐 1920년과 1923년 사이 프랑스 파리에서 전성기를 맞이했던 반문명, 반전통적인 예술운동을 가리킨다. 후고 발, 에미 헤닝스, 한스 아르프, 트리스탄 차라 등이 참여했다(심철민, 2017).

을 등장시키면서 더욱 유명해졌다. 해변을 성큼성큼 거니는 예술작품을 보면서 어떤 이는 미래에서 날아온 외계 생명체라 하고 또 어떤 이는 그리스 신화에 나오는 타이탄족을 떠올리기도 한다.

얀센의 작품 중에서도 우리에게 특히 친숙한 작품은 2010년 우리나라에서도 전시된 적이 있는 '해변 동물'이다. 바람을 동력으로 하여 움직이는데 그 동작이 워낙 정교하고 과학적이어서 공학물인지 예술작품인지 구별하기 어려울 정도이다. 칼더의 작품에는 고개를 갸우뚱하던 사람들도 얀센의 작품을 보면 경탄을 쏟아냈다. 더욱 놀라운 것은 사용하는 재료들이다. 플라스틱 튜브와 페트병이 전부이다. 몸의 뼈대는 튜브가, 관절은 페트병이 담당한다. 이 간단한 재료들로 만든 작품이 생명체처럼 움직이는 것은 피스톤 원리와 크랭크축 등 기계운동 메커니즘의 원리들을 활용하기 때문이다.

첨단기술 활용한 예술을 바라보는 시선

4차산업혁명의 기술들과 접목된 예술을 얘기하다 보면 몇 가지 회의적인 생각들을 마주하게 된다. 그중에서도 특히 염려스러운 것은 사람들의 일시적인 호기심만 자극하고 어느 순간 사라질 가능성이다. 키네틱 아트가 그랬듯 새로운 유희, 일시적인 호기심의 대상에 그칠 수 있다는 것이다. 키네틱 아트는 그나마 당대를 호령했던 불세출의 작가들에 의해 이루어졌다. 하지만 현재의 '4차산업혁명 예술'은 엔지니어 혹은 기술 관련 기업들에 의해 주도되고 있을 뿐 예술성을 인정받는 작가들을 거의 찾아보기 어렵다는 점이 더욱 그런 우려를 낳는다.

더욱이 아직까지 담론 또한 형성되고 있지 않다. 미국의 대표적 미학자 조지 디키(George Dickie)의 '예술제도론'에 따르면 예술작품이란 '문화적 관계의 맥락'에 의해 결정되는 것이다. 다시 말해 어떤 작품이 예술인지 아닌지는 예술계(Art World)의 '자격 수여' 여부에 따라 판가름 난다. 즉 평단에서 담론이 만들어질 때 비로소 예술로 편입될 수 있는 것이다. 그러고 보면 대부분 지금 나타나고 있는 '4차산업혁명 예술'들은 예술이 아닐 수도 있다. 가령 지난 평창동계올림픽 개막식을 장식한 드론의 화려한 군집비행도 아직까지 제대로 된 예술계의 평론을 찾아보기 어렵다. 많은 공연예술과 시각예술 작품에서 드론이 활용되고 있음에도 불구하고 말이다.

하지만 낙관적인 측면도 있다. 키네틱 아트와 달리 '4차산업혁명 예술'은 대부분 상호작용성에 기반을 둔다. 바로 이 점이 이제까지의 기술과 융합을 시도한 예술사조들과 가장 차별화되는 점이라고도 할 수 있다. 가상현실(VR)이나 증강현실(AR) 그리고 빅데이터와 사물인터넷을 활용한 예술이 모두 그렇다. 드론의 군집비행도 언젠가는 관람객의 참여를 통해 더욱 진보할 터이다.

기술과 예술의 공생

다시 인면조 얘기로 돌아가 보자. 평창에 등장한 인면조는 사람에 의해 조종됐다. 그 나름대로 정겨운 볼거리다. 하지만 관절이 자연스럽게 움직이며 살아 숨 쉬듯 역동적인 움직임을 만들어 내는 기술적인 터치가 없었다면 인면조가 지금과 같은 인기를 구가할 수 있었을까. 여기서 한 가지 못내 아쉬움으로 남는 것이 있다. 역사를 재해석해 콘셉트를 정한 것은 우리지만 구동 메커니즘은 니컬러스 마혼(Nicholas Mahon)이라는 캐나다 태생의 퍼핏 디자이너가 설계했다는 부분이다. 그는 인면조뿐 아니라 청룡, 백호, 현무, 주작 등 고구려 고분벽화와 우리 민화를 소재로 한 85종의 퍼핏을 제작했다. 그런가 하면 인형을 최종 제작한 팀 또한 말레이시아 국적이었다.

한 신문기사에 따르면 해외 바이어들이 평가하는 우리의 4차산업혁명 신산업 국제 경쟁력은 한마디로 '낙제점'이라고 한다. 전 분야에 걸쳐 독일, 미국은 물론 일본에도 한참 뒤처질 뿐 아니라 중국에도 추월당할 위기다. 한국이 경쟁력 1위를 차지한 분야는 하나도 없다. 어찌 보면 인면조 관절의 단순하면서도 수동적인 메커니즘을 최첨단의 4차산업혁명 기술과 직접 연결하는 것은 다소 무리일 수도 있다. 그렇다면 인텔의 기술력에 의해 이뤄진 평창올림픽 개막식의 드론 군집비행은 어떻게 해석해야 하는가?

어쨌든 키네틱 아트는 기술과 예술의 융합을 아주 즉물적으로 보여주는 사례다. 타오 옌센은 다음과 같은 유명한 말을 남겼다.

"예술과 공학 사이의 장벽은 우리 마음에서만 존재한다."

또 우리나라를 대표하는 키네틱 아트 작가 중 한 명인 최우람은 한 미술잡지와의 인터뷰에서 이렇게 말했다.

"더 자연처럼 다가오는 기계 자체, 더 살아있는 생명체를 닮은 기계들을 만들려고 노력한다. (내가 키네틱 아트를 하는 이유는) 우리가 기계와 어떻게 공생할 수 있을까를 생각해보기 위해서다."

조만간 인면조가 4차산업혁명의 기술을 통해 평창 올림픽스타디움의 하늘을 날아오르기를 바란다. 예술과 기술과 인간의 관계성에 대한 끊임없는 질문을 던지면서 말이다.

불에 태우지 않고도
버닝아트의 감동을
줄 수 있다면?

평창 동계올림픽을 목전에 둔 2018년 2월 초순. 강릉 경포 해변을 찾았다. 겨울바다의 정취가 차창 저 멀리서부터 다가왔다. 그런데 막상 해변에 도착하자 횅할 것 같은 드넓은 겨울바닷가의 모래사장이 계절과 어울리지 않게 꽉 찬 느낌이다. 해변 위에는 짙푸른 바다를 배경으로 각양각색의 개성 넘치는 예술작품들이 거짓말처럼 들어서 있었다.

동계올림픽 및 패럴림픽의 '문화올림픽' 공식행사 중 하나인 '파이어 아트 페스타 2018'의 풍경이다. '파이어 아트 페스타'는 미술작품을 바닷가에 설치하고 이를 일정 기간이 지나면 불태워 버리는 축제이다.

통상 예술가들 대부분은 자신의 작품이 영원하기를 바란다. 하지만 이 페스티벌에 참여한 예술가들은 다르다. 짧게는 며칠, 길게는 몇 달 혹은 몇 년에 걸쳐 만든 작품을 한순간에 불에 태워서 없애버리며 기존 고정관념에 도전한다. 이들에게 작품소각행위는 새로운 문화를 창조하는 운동이자 일종의 제의와도 같다. 이번 페스티벌 역시 문화올림픽을 계기로 지역의 문화예술이 불처럼 부흥하는 계기가 되기를 염원하는 마음을 담았다고 한다.

버닝아트 페스티벌

'파이어 아트 페스타'는 말 그대로 '태워버리는' 예술인 버닝아트(Burning Art)를 소재로 한 축제이다. 버닝아트 하면 많은 이들이 현존하는 축제 중 가장 전위적이라고 평가받는 버닝맨(Burning Man) 페스티벌을 떠올린다. 매년 8월 말이 되면 미국 네바다 주의 블랙록(Black Rock)이라는 사막에 세계 각지의 예술가들이 모여든다. 광활한 모래 위에 다채로운 조형물을 만들어 놓고 이를 화려한 음악과 조명과 함께 즐기기 위해서다.

그런데 이 축제의 백미는 축제의 마지막 날, 모든 조형물을 완전히 불태워 버리는 버닝아트이다. 축제가 열리는 블랙록시티 또한 1년에 단 일주일, 페스티벌 기간에만 만들어졌다가 축제가 끝나면 신기루처럼 사라지는 임시도시이다. 축제의 막이 내림과 동시에 예술품도, 그 예술품을 품었던 도시도 언제 그랬냐는 듯 홀연 모습을 감춘다.

버닝맨 페스티벌은 1986년 래리 하비(Larry Harvey)가 샌프란시스코의 베이커 비치(Baker Beach)에서 약 2미터 크기의 나무 인형을 불태운 데서 시작됐다. 기존 예술계에 대한 도전과 환경보호의 메시지로 인해 첫 출발부터 사람들의 큰 관심을 받았다. 이후 개최지를 네바다 사막으로 옮기고 30년 이상 이어지면서 사람들의 호응도 갈수록 커지고 있다. 2010년만 해도 5만 명이던 참가자가 2015년에는 7만 명 이상으로 늘었다고 한다.

국내에서 만나볼 수 있는 불과 관련된 예술로는 탄화목으로 만든 설치미술이라든가 공연에 불을 도입한 파이어 퍼포먼스 등이 있다. '파이어 페스타'나 '버닝맨' 같은 의미의 본격적인 '버닝아트'는 2014년 강원도의 삼탄아트마인에서 열린 '정선 국제 불조각 축제'에서 비롯됐다고 보는 것이 일반적이다. 한편 2017년에 부산 다대포 해수욕장에서 열린 '바다미술제'에서도 버닝아트를 볼 수 있었다. 대부분의 이런 행사들은 강렬한 인상과 함께 예술성 또한 인정받고 있다.

불과 엑스터시

그리스 신화에는 프로메테우스가 제우스의 불을 훔쳐와 인간에게
준 덕분에 사람들이 불을 쓸 수 있게 됐다는 유명한 이야기가 나온다.
프로메테우스가 동생 에피메테우스의 하소연에 못이겨 아테나의 불
을 자기 횃대에 옮겨 붙여 가지고 내려와 인간에게 준 것이다(Thomas
Bulfinch, 2000). 최초의 불이 '도둑질'로부터 인간의 손에 들어왔다는
이와 같은 이야기는 비단 그리스뿐 아니라 세계의 많은 신화에 나타
난다. 레비스트로스(Claude Levi-Strauss, 1955)는 신화는 그 사회가 지닌
해결되지 않는 모순을 상상으로 해결하려는 이야기라고 정의했다(성
열홍, 2018). 그의 견해를 따르면 불의 신화 역시 일상에서 탈출해 인위
적인 무엇인가를 만들려는 시도를 의미하는 엑스터시(Ecstasy)로 해석
할 수 있다.

우리말로 '황홀경'으로 번역되는 엑스터시는 보통 극단적인 자극을
통해 일상으로부터 탈출하려는 욕망을 추구하는 행위를 말한다. 그
러니까 엑스터시는 구태의연하고 진부한 자신의 상태를 응시해 자신
에게 감동적이며 예술적인 새로운 인위를 추구하는 시도이다(배철현,
2016). 일상탈출의 행위 그리고 새로운 예술적 인위의 추구 모두의 측
면에서 예술혼의 산물을 스스로 태워 없애는 버닝아트 역시 '엑스터시
의 예술'이라고 할 만하다.

태우는 행위는 우리 민족에게도 서양 못지않게 친근하다. 교과서에
나오는 김동리의 단편소설 '등신불'은 우리 민족의 상상력 아니면 나
오기 어려운 이야기다. 어느 날 어머니의 죄를 탕감받고 싶은 열망에

사로잡힌 주인공 만적은 자신을 불살라 부처님께 바치기로 결심한다. 예정된 소신공양의 날, 만적의 몸에 불이 붙는 순간 억수같은 비가 내리기 시작했다. 그런데 만적의 몸에 붙은 불만은 꺼지지 않고 오히려 더욱더 맹렬하게 타오르는 게 아닌가. 소신공양이 끝나자 기적에 감화된 사람들은 숯이 된 만적의 몸에 금을 입혀 등신불로 모신다. 소설 '등신불'을 통해 우리는 엑스터시의 예술적 감흥을 만나볼 수 있다.

대표적 세시풍속인 '달집태우기'도 있다. 달집은 음력 정월 대보름날 달맞이할 때 캄캄한 사위를 밝히기 위해 대나무로 기둥을 세운 다음 그 위를 짚 등으로 덮고 달이 뜨는 동쪽으로 문을 낸 구조물이다. 이 달집을 논에서 태우면 한 해 농사가 잘되고, 다른 사람보다 먼저 달집에 불을 지르면 아이를 순풍순풍 잘 낳는다고 한다. 이때 보통 대나무로 기둥을 삼는데 달집을 사를 때 대나무가 불에 타면서 터지는 소리에 마을의 악귀들이 달아난다는 속설 때문이다.

오늘날 달집태우기는 '제주 정월대보름 들불축제'의 메인 프로그램 '새별오름 태우기'에서 볼 수 있다. 이 또한 시각과 청각 등 공감각에 소구하는 하나의 제의이자 엑스터시를 추구하는 예술적 행위로 볼 수 있다.

이처럼 우리에겐 서양의 버닝아트에 버금가는 많은 전통 콘텐츠들이 있다. 2018년 파이어 아트 페스타의의 주제인 '헌화가(獻火歌, A song dedicated to fire)'도 강원도 강릉과 삼척이 삼국유사에 나오는 향가인 헌화가의 배경이라는 데서 착안했다고 한다. 또 한편으로는 황무지에 불을 피워 밭을 일구며 살았던 강원도 화전민도 연상케 한다. 그래서일까. 기록적인 한파 속에서도 모래가 섞인 강풍을 맞으며 파이어 페스타를 기다리는 관중들 대부분이 호기심 어린 눈빛의 외국인들이다.

촛불로 대신한 버닝아트

이런저런 생각으로 시간을 보내는 사이 경포 바닷가에도 해그림자가 길게 드리우기 시작했다. 그런데 개막식이 열리기로 한 저녁 시각이 가까워지자 행사를 준비하는 사람들의 낯빛이 어두워졌다. 사정을 수소문해보니 이미 당국으로부터 바람이 많이 불면 버닝 의식을 하기 어려울 수도 있다는 통보를 받았다고 했다. 야속하게도 시간이 지날수록 바람은 잦아들기는커녕 더욱 강해졌다.

결국, 버닝아트 행사는 모래가 섞여 날리는 강풍 속에 반쪽이 되고 말았다. 화재위험으로 작품을 태우지 못하고 촛불 몇 개로 대신하기로 한 것이다. 많은 관람객들이 아쉬운 마음에 혀를 끌끌 차는 사이 필자는 한편으로 다행이라는 생각을 해본다. 버닝아트를 보러가긴 했지만 막상 아름다운 작품을 보니 순식간에 불길에 사라지는 데 대한 안타까움이 시나브로 커지던 터였기 때문이다.

그러면서 가상으로 불꽃을 대신하면 어떨까 하는 다소 엉뚱한 상상을 해본다. 바로 홀로그램 기술을 활용하는 것이다. 홀로그램(Hologram)은 그리스어로 '완전한'을 뜻하는 holo와 정보 또는 메시지를 의미하는 garamma(정보, 메시지)의 합성어이다. '전체를 기록하는 것' 혹은 '피사체에 대한 모든 정보를 기록하는 기술'을 의미한다. 이 홀로그램 기술은 존재하지 않은 가상의 물체를 마치 현실에 존재하는 것처럼 3D의 입체 공간에 재현해낸다.

하지만 지금의 기술력으로는 홀로그램으로 불꽃을 대신하기 어려울 것이다. 강풍에 홀로그램 영상을 반사하는 대형 투명막이 견디지 못하고 찢겨 날아가버릴 것이기 때문이다. 설령 강풍에 견딜만한 투명막이 개발된다 해도 일정 방향에서만 효과를 체험할 수 있기에 경포 해변 같은 개방된 공간에서는 무용지물이다. 몇 해 전 한국전자통신연구원이 테이블탑형 디스플레이 시스템 위에 3D 홀로그램 영상을 구현하는 기술을 개발한 바 있다. 그런데 이 또한 360도 어느 방향에서나 볼 수 있기는 하지만 3인치 정도의 크기 밖에 안되기 때문에 야외에서 구현하기엔 턱없이 작다.

최근에는 HMD(Head Mounted Display)용 홀로그램의 상용화를 준비 중이라는 소식도 들린다. 이 기술이 성공하면 세계 최초로 휴대폰을 통해 공중에 5인치 정도의 홀로그램 영상을 띄울 수 있다고 한다. 하지만 이 역시 해변의 예술품을 가상으로 태울 만큼의 불꽃 크기를 가지려면 향후 많은 연구가 필요할 것이다. HMD 홀로그램은 개인미디어라는 한계 또한 극복해야 한다. 유사 홀로그램(Pseudo Hologram) 단계에 있는 기술이 못내 아쉬워졌다.

유비쿼터스 버닝아트

사람들이 불에 열광하는 이유는 무엇인가. 불은 인간으로 하여금 무기를 만들어 다른 동물을 정복할 수 있도록 했고, 연장을 만들어 땅을 갈아먹을 수 있도록 했으며, 따뜻한 거처를 제공했고, 갖가지 기술을 개발할 수 있도록 했다(Thomas Bulfinch, 2000). 그러나 이러한 실용적 효용 외에도 불은 열과 빛을 발산하면서 인간에게 끊임없이 움직이며 살아있는 생명력을 느끼게 해주는 심리적 효과도 크다.

거리 그림, 모래 예술작품, 얼음 조각, 대지예술 등은 시간이 지나면 자연히 사라진다. 이렇게 없어지는 예술품은 어쩔 수 없다 하더라도 일부러 예술을 파괴할 필요까지 있을지 의구심이 든다. 물론 30점 이상의 작품을 스스로 없애버렸다는 모네(Claude Monet)처럼 일부 예술가들은 자신감 부족 혹은 새로운 예술적 동인을 얻기 위해 자신의 작품을 파괴하기도 한다. 또한, 작품의 수를 제한해 작품을 부족하게 만듦으로써 나중에 평가할 때 명성을 극대화하는 계기로 삼기 위한 경우도 있다.

　하지만 순간적인 엑스터시를 얻기 위해 자신의 소중한 작품을 불로 태우는 행위는 다소 심한 일탈이라는 생각을 지울 수 없다. 바슐라르의 말처럼 불꽃을 통해 진정한 이미지를 줌으로써 감상자들로 하여금 상상의 세계를 향하여 현실의 세계를 떠나도록 하려는(Gaston Bachelard, 2004) 작가의 배려라 할지라도 말이다. 또 역발상과 전위, 새로운 문화의 창조, 자연으로의 귀소… 이 모두가 예술이 구해야 할 가치이겠지만 모름지기 좋은 예술은 보존을 통해 많은 사람들에 의해 오랫동안 향유될 때 그 진가를 발휘하는 것이 아닐까. 밀랍으로 만든 날개를 붙이고 크레타섬을 탈출하다 추락한 이카루스와 같은 무모한 도전일 수도 있다.

　때마침 불어온 강풍이 34명의 국내외 예술작품의 희생을 보전했다면 지나친 견강부회일지 모르겠다. 어쨌든 모처럼 아름다운 예술작품들을 바닷가에서 접하는 감흥의 기회를 보다 많은 사람들에게 허락한 셈이다. 하지만 예술작품이 불꽃에 휩싸여 타오르는 장관이 주는 엑스터시에 대한 미련은 여전히 남는다. 그래서 우리는 기술의 발전을 또 한 번 손꼽아 기다리게 된다. 겨울바람이 휘몰아치는 경포 앞바다를 비롯해 어디서든, 언제든 감상할 수 있는 유비쿼터스(Ubiquitous) 버닝아트를 구현할 기술을.

chapter
09

이머시브 씨어터의
진화를 꿈꾸며

미국 뉴욕의 첼시에 자리한 5층짜리 건물. 호텔처럼 꾸며진 이곳에서는 저녁마다 여느 호텔에서 볼 수 없는 기묘한 장면들이 펼쳐진다. 가면을 썼다는 걸 **빼면** 평범하게 보이는 사람들이 100여 개나 되는 객실을 마음껏 돌아다니는 것. 그런데 이들은 3시간가량이나 이방 저방을 기웃댈 뿐 아니라 심지어 각자 아무 말 없이 그 방의 주인인 듯한 사람들과 알 수 없는 행위를 하기도 한다.

요즘 뉴욕에서 가장 핫한 연극 중 하나로 불리는 영국 출신 극단 '펀치 드렁크(Punch Drunk)'의 〈슬립 노 모어(Sleep No More)〉이다. 건물은 호텔이 아니라 공연장이고, 건물 안을 배회(?)하는 사람들은 연극을 보러 온 관객이다. 이들의 행위는 배우들과 함께 펼치는 셰익스피어의 〈맥베스〉와 알프레드 히치콕 감독의 스릴러를 혼합한 무언극 퍼포먼스다. 그러니까 이 작품의 관객은 전체 공연의 일부이자 동시에 자신만의 공연을 만드는 배우인 셈이다.

이처럼 관객을 참여시키는 공연을 '이머시브 씨어터(Immersive Theater)'라고 한다. 이머시브(immersive)는 액체에 무언가를 담그거나 몰두하게 한다는 뜻이다. 그래서 이머시브 씨어터를 우리말로는 '관객 몰입형 공연' 또는 '관객 참여형 공연'이라 부른다. 이머시브 씨어터는 관객을 창작 과정의 일부로 포함하기 때문에 즉흥성이 강해 그때그때

공연 내용이 달라지는 것이 보통이다. 무대는 공연장일 때도 있고 일상적인 생활 공간일 때도 있다. 어쨌든 관객 몰입형 공연의 최대 관심사는 관객을 더 적극적으로 참여하게 만드는 데 있다.

관객이 적극적으로 참여할수록 더 빛나는 공연

최근 '이머시브 씨어터'가 세계 공연계를 관통하는 화두가 되고 있다. 〈슬립 노 모어〉는 이 열풍을 일으킨 주역이다. 제작사 측은 2011년에 공연을 시작할 때만 해도 한 달의 공연기간을 생각했다고 한다. 하지만 관객들의 폭발적인 호응으로 폐막일을 정하지 않는 오픈런(open run)으로 전환했다. 뿐만 아니라 최근에는 상하이에도 진출해 중국 관객들로부터 큰 호응을 받고 있다는 소식이다.

2017년 가을, 대학로에서 열린 서울국제공연예술제(SPAF)에서 〈하얀토끼 빨간토끼〉라는 작품이 화제로 떠올랐다. 이 연극은 배우가 작품 내용을 알지 못한 채 무대에 오르는 '황당한' 설정으로 국내 뿐 아니라 세계 32개국에서 이슈몰이를 했다. 배우로 하여금 무대에 오르기 전까지 대본을 보지 못하게 하는 것은 관객과의 소통을 위한 장치다. 앞줄에 앉은 관객들은 무대 위에 올라가 토끼나 곰으로 변신해 극에 참여한다. 이머시브 씨어터의 전형이다.

국내의 이머시브 씨어터를 꼽으라면 2016년과 2017년에 공연했던 〈로드씨어터 대학로 1, 2〉가 잘 알려져 있다. 이 작품의 무대는 공연장이 아니라 제목 그대로 '대학로'라는 일상의 공간이다. 관객은 '햄릿' 공연을 준비하던 중 연극이 취소됐다는 소식에 삶의 전선으로 돌아간 배우들을 찾아다닌다. 헤드폰으로 내레이터의 안내와 음악을 들으며 마로니에공원, 학림다방 앞, 아르코예술극장 연습실, 대명거리, 낙산 기슭 등을 걷다보면 관객은 어느새 대학로라는 무대 속 주인공이 된다. 관객들에게 나눠주는 헤드폰 색깔로 인해 '민트색 대학로'라는 닉네임을 얻기도 한 이 연극은 만들어진 무대세트의 화려한 허구성보다는 관객에게 더 극에 몰입하도록 해 주는 일상적인 공간을 선호한다.

이 밖에도 〈코믹쇼 로미오 & 줄리엣〉은 관객의 투표로 당일 공연할 출연배우를 정해 화제가 되었다. 스물일곱에 요절한 천재시인 이상의 삶과 죽음의 미스테리를 그린 서울예술단의 창작가무극 〈빠이 이상〉도 있다. 블랙박스 극장인 CKL스테이지의 공간을 전면적으로 활용했다. 또 2차 세계대전 말 일제의 만행을 묘사한 〈난 오늘 당신을 꿈 꿉니다〉, 롤플레잉 게임과 백스테이지 투어를 접목한 〈씨어터 RPG 1.7 – 내일 공연인데 어떡하지〉, 카바레 뮤지컬 〈미 온 더 송(Mee on the Song)〉, 안무가 차진엽과 영국의 다원예술가 대런 존스턴의 협업 퍼포먼스 〈미인: MIIN〉 등도 관객의 관심을 받은 이머시브 씨어터들이다.

갈수록 멀어지는 관객을 사로잡을 비법이자 자구책

오늘날 대부분의 공연예술은 공연장을 중심으로 펼쳐진다. 액자틀 형태로 된 프로시니엄 무대를 가진 공연장은 무대와 객석이 확실하게 분리되어 있다. 소위 '보이지 않는 벽' 또는 '제4의 벽'을 사이에 두고 관객들은 자신과 다른 공간과 시간에 있는 배우들의 연기를 감상한다. 관객과 무대 사이에는 일정한 거리가 생긴다. 브레히트(Bertolt Brecht)는 이 거리두기를 더 확실하게 하려고 '소격효과(疏隔效果 Verfremdungseffekt)'라는 것을 만들어내기도 했다.

그런데 원래부터 무대와 객석이 분리됐던 것은 아니다. 공연예술의 기원으로 알려진 제의적 행위는 열린 공간에서 이뤄졌다. 풍요를 기원하고 신을 숭배하는데 무대와 객석이 따로 있을 수 없었다. 주로 자연 지형을 활용했기 때문이다. 배우와 관객 간에 장소와 역할이 분리되기 시작한 것은 고대 그리스에서 디오니소스 형식의 야외 원형 극장이 생겨나면서부터이다.

오늘날 대표적인 무대의 형태로는 앞서 얘기한 프로시니엄 무대(Proscenium Stage)를 비롯해 원형무대(Arena Stage), 엘리자베스 시대의 단상무대(Platform Stage)에서 기원한 돌출무대(Thrust Stage) 등이 있다. 모두 객석과 무대를 명확히 구분한 형태다. 이런 무대는 제한적 공간으로 인해 소통과 표현에 한계를 띤다. 더구나 기존의 희곡과 같이 텍스트로 제한된 틀은 관객에게 일방적인 전달과 수용을 강요하기 마련이다. 이처럼 물리적·심리적인 거리감으로 인해 기존 공연에서 무대와 관객의 교감은 제한적일 수밖에 없었다.

과거의 관객은 제한적인 공간과 텍스트 중심의 재현을 통한 소통만으로도 만족할 수 있었다. 하지만 최근 들어 무대와 객석을 구분하는 고정관념이 해체되고 있다. 관객들은 변하고 있고 새로운 공간, 새로운 소통방식이 필요해졌다. 관객과의 거리를 좁히지 않으면 다른 엔터테인먼트와의 경쟁에서 밀려날 수밖에 없다. 결국, 이머시브 씨어터는 변화하는 관객들로부터 갈수록 멀어지는 공연계의 자구책인 셈이다.

관객들은 왜 변했는가? 가장 근본적인 원인은 두말할 것도 없이 기술이다. 기술의 발달은 사람들의 의식을 변화시키고, 갈수록 화려한 스펙터클에 익숙하게 만든다. 게다가 공연예술의 경쟁자들인 새로운 엔터테인먼트들이 기술의 옷을 입고 빠르게 확산 중이다. 그 경쟁자들은 스마트폰을 비롯해 N스크린 등을 통해 '옮겨 다니며(ambient)' 소비자의 손안에서 '유비쿼터스'를 구현한다. 디지털 노마드가 살아가는 전형적인 존재 방식인 원격현전(telepresence)(심혜련, 2009)은 관객들을 공연장으로부터 멀어지게 한다. 관객들은 가상 공간에 익숙해져 있다. 뿐만 아니라 발전된 기술은 소비자를 엔터테인먼트의 객체가 아닌 주인공으로 대접해준다. 이에 따라 과거에 경험했던 단순한 참여를 넘어 보다 적극적인 참여를 통해 자신의 생각이 반영된 가시적인 결과를 보고 싶어한다. 물론 공감각적 감상도 필수가 됐다.

첨단 디지털 기술과 함께할 때 더 성장

이와 같은 관객의 변화를 수용한다는 점에서 이머시브 씨어터의 인기는 한동안 지속될 것으로 보인다. 그러나 이머시브 씨어터가 더 관객들에게 다가가려면 좀 더 보강해야 할 부분이 있다. 바로 첨단기술의 활용도를 더 높여야 한다는 것이다. 가령 증강현실 기술 활용은 가상공간에 익숙한 관객들의 만족도를 향상시킨다. 현실에 가상현실을 결합해 관객에게 또 다른 극적 공간을 체험할 수 있도록 돕기 때문이다. 아울러 관객들이 적극적으로 참여할 수 있는 유인책으로 사물인터넷기술을 결합할 수 있다.

예를 들어보자. 〈로드씨어터 대학로〉에서는 위치기반 스마트폰 앱을, '삐끼ing' 작품은 SNS를 활용하고 있는데, 여기에서 한 걸음 더 나갈 수 있다. 가령 비콘을 활용하면 주변 장소와의 커뮤니케이션 같이 더 다양하고 색다른 체험을 제공할 수 있다. 또 다소 엉뚱할 수 있지만

4차산업시대, 예술의 길

드론 군집 비행도 관객 참여를 가시화할 수 있는 소재다. 한편 공감각적인 참여를 유도하기 위해서 남산예술센터의 〈천사—유보된 제목〉처럼 가상현실을 이용할 수도 있다.

일부에서는 이머시브 씨어터를 디지털이 점령하고 있는 이 시대에 확실한 아날로그의 소환을 통해 제3의 시장을 만들어내는 공연예술 전략이라고 평가하기도 한다. 아날로그 시대의 산물인 공연예술로서는 디지털 콘텐츠와 어설프게 경쟁하기보다 더 확실하게 '아날로그'를 추구하는 편이 정체성을 살리는 동시에 관객들에게 더욱 다가갈 수 있는 전략이라는 것이다.

그러나 이머시브 씨어터가 아날로그에 매몰되면 관객이 지나치게 제한적일 수 있다는 단점이 발생한다. 가령 〈천사—유보된 제목〉은 매번의 공연이 단 한 명의 관객을 위해 열리며 하루 최대 관객은 40명에 불과하다. 〈내일 공연인데 어떡하지〉의 회당 관객은 80명이고, 심지어 변방연극제 참가작이었던 〈201호 아인슈타인이 있다〉는 회당 관객이 단 6명이다. 공연에 대한 호응이 아무리 좋아도 티켓수입은 기존 공연보다도 작을 수밖에 없다. 이른바 공연예술의 '비용질병'은 더욱 심화된다.

이 문제에 대한 해법 역시 기술의 활용에 있다. 가령 여러 공간에서 동시에 펼쳐지는 이머시브 씨어터를 만드는 것도 방법이다. 5G기술과 홀로그램 같은 최첨단 기술을 활용하면 된다. "연극이 지금처럼 한 공간에서 벌어지지 않고 다(多)공간에서 동시에 작동되는 연극이 등장할 것"이라는 이대영 중앙대 교수의 예견은 이머시브 씨어터에서 가장 먼저 실현될 수 있다.

디지털 시대에 첨단기술로 무장한 채 등장하고 있는 수많은 엔터테인먼트들과 경쟁해야 하는 공연예술에서 이머시브 씨어터는 의미 있는 시도이다. '놀이가 공연이 되고, 공연이 놀이가 되는' 관객 참여형 공연은 문화민주주의(Culture by All)를 지향하는 시대정신과도 잘 맞는다. 그러나 부분적으로는 모르겠지만 이머시브 씨어터를 아날로그로의 전면적 회귀전략으로 규정하는 것은 자칫 공연예술 경쟁력을 더욱 약화시킬 수 있다. 진중권(2010)에 따르면 현대 예술에는 '숭고'의 무거움과 그것을 파괴하는 시뮬라크르의 가벼움이 동시에 존재한다. 공연예술에서 고객 맞춤형 창작은 분명 지향할 바이다. 하지만 디지털 기술의 옷을 보다 적극적으로 활용하는 방안이 함께 모색되어야 한다.

뮤지컬 공연장에서 만난
4차산업혁명 기술

우리는 갈수록 보들리야르(Jean Baudrillard)의 이른바 스펙터클
(spectacle)과 시뮬라크르(simulacre)[20]에 익숙해지고 있다. 자극적이고
감각적인 영상에 익숙해져서 웬만한 자극에는 둔감해져 버렸다고 해
도 좋을 이 시대는 매번 더욱더 큰 스케일과 화려한 볼거리를 요구한
다. 가령 영화는 애니매트로닉스[1] 같은 정교한 시각특수효과(VFX) 뿐
아니라 3D와 4D를 넘어 극장 내부의 모든 면을 스크린으로 활용하려
는 시도를 통해 더욱 완벽한 하이퍼리얼(Hyper Real)[2]의 세계를 구현해
내고 있다.

공연예술도 이에 질세라 첨단기술을 활용한 스펙터클 통해 관객몰
이를 시도하고 있다. 그중에서도 뮤지컬은 오래전부터 당대의 첨단기
술들을 발빠르게 접목해왔다. 〈오페라의 유령〉은 천정에서 떨어지는
화려한 크리스털 샹들리에나 무대를 가득 메운 촛불들이 환상적인 스

---

20) 시뮬라크르는 존재하지 않지만 존재하는 것처럼, 때로는 존재하는 것보다 더 생생하게 인식
    되는 것을 의미한다. 장 보들리야르(Jean Baudrillard)가 〈시뮬라크르와 시뮬라시옹〉에서 언
    급한 개념이다.
1) 애니매트로닉스(Animatronics) 기술은 1964년 《뉴욕 월드 페어》에서 디즈니가 처음 선보
    인 것으로 알려져 있다. 당시 디즈니는 미국의 제16대 대통령 에이브러햄 링컨(Abraham
    Lincoln)의 몸동작과 습관을 재현한 로봇을 제작했다. 외부의 신호를 직접 읽고 연산할 수는
    없지만, 링컨의 행동을 그대로 재현하여 연설함으로써 당시 행사장에서 큰 파문을 일으켰다.
2) 하이퍼리얼(Hyper Real)은 장 보들리야르가 제시한 개념으로 시뮬라크르(Simulacre: 실재
    하지 않는 허구의 이미지)가 지배하는 허구의 세상을 지칭한다. 우리말로 파생실재, 초과실
    재, 극실재 등으로 번역된다(권병웅·김선영, 2015).

4차산업시대, 예술의 길

펙터클을 선사하는 장면으로 유명하다. 아무리 손에 쥐고 있어도 배우가 어떤 상처도 입지 않는 마녀의 '파이어볼(Fireball)'이 등장하는 〈미녀와 야수〉 판타지는 또 어떤가. 실물 헬리콥터가 등장하는 〈미스 사이공〉도 빼놓을 수 없다.

공연예술과 기술의 접목은 아주 오래 전부터 시작됐다. 아니 공연예술과 기술은 역사를 함께 한다고 해도 과언이 아니다. 우리말로 '장경(章景)' 또는 '시각적 기술'로 번역되는 스펙터클(spectacle)만 해도 그 연원은 고대 그리스 비극에까지 거슬러 올라간다. 아리스토텔레스는 『시학(詩學)』에서 비극의 여섯 가지 구성 요소로 플롯, 성격, 사상(주제), 언어, 음악과 더불어 장경(opsis)를 꼽았다. 아리스토텔레스가 스펙터클을 예술성이 가장 적은 것으로 치부했음에도 불구하고,[3] 장경의 표현력은 그리스 비극의 발전에 따라 극의 평판에 가장 중요한 요인으로 대두되기 시작했다. 이후 희극이 성행하기 시작한 헬레니즘 시대에는 장경주의(theatricalism)라는 건축미학이 대두되면서 국가 주도로 대형 극장들이 건설되었다.

고대 그리스의 극장 건축을 처음으로 고안한 이는 시인인 아이스킬로스(Aeschylos, B.C. 525?~456)로 알려져 있다. 그는 극장을 건축하고, '극적인 볼거리(spectacle)'를 위한 사실적인 채색 가면과 소품 따위를 고안했다. 아이스킬로스의 제자인 소포클레스(Sophocles, B.C.496~406)

---

3) 아리스토텔레스는 『시학(詩學)』에서 스펙터클(장경)에 대해 "장경은 우리를 매혹하기는 하나 예술성이 가장 적으며 작시술과는 가장 인연이 먼 것이다. 비극의 효과는 공연이나 배우 없이도 산출될 수 있는 것이며, 또 장경의 준비에 관한 한 의상계의 기술이 시인의 기술보다 더 유력하다"고 서술한 바 있다(임석재, 2018).

는 스승에 이어 연극에 배경 그림(scene painting)을 처음으로 도입했다. 당시의 무대 배경은 극장 건물의 정면을 그대로 사용하는 수준이었다. 하지만 소포클레스는 여기서 한 걸음 더 나아가 '그림을 직접 거는 행위'를 통해 극장의 공간을 확장, 변화시키며 극의 볼거리를 크게 늘려주었다(임석재, 2018).

이처럼 고대 그리스와 로마 시대의 공연은 주로 공연장과 무대를 제작하는 건축기술과 융합해 볼거리를 선사했다. 중세 이후에는 조명을 비롯해 사람 힘으로 움직이는 무대장치 같은 기술이 도입되었다. 근대에 들어서는 기계공학과의 만남으로 사람의 힘이 기계 동력으로 대체되었다. 2000년대에는 통합콘솔 개발과 함께 무대기술 자동화를 더욱 확대하고 있다.

관객 참여 유도하는 무대장치 기술

공연예술에서는 이러한 기술들을 스테이지 기술, 플라잉 기술, 그리고 오브젝트 컨트롤 기술 등으로 나누어 설명한다.

먼저 스테이지 기술은 주로 공연예술의 특징 중 하나인 현장성에서 비롯되는 공간적 제약을 보완하는 데 쓰인다. 승강기나 턴테이블 등을 활용해 말 그대로 무대바닥 자체를 제어한다. 4중 회전무대를 활용해 거실과 정원, 무덤 등으로 극 중 배경에 쉴 틈 없는 변화를 주는 〈드라큘라〉와 자연스러운 무대 장면 연결을 보여줬던 〈마리 앙투아네트〉같은 뮤지컬에서 볼 수 있는 기술이다.

250억 원에 달하는 제작비로 화제와 논란을 동시에 불러왔던 〈마타하리〉에서는 장면전환에 암전 대신 화려한 첨단 스테이지 기술을 활용했다. 뿐만 아니라 좌석이 고정돼 있어 다양한 각도에서 공연을 볼 수 없는 관객들을 위해 전진, 후진, 회전은 물론 경사조절까지 가능한 데크를 만들었다. 영화 같은 매체 기법을 참조하는 이른바 '상호매체성(Intermediality)'을 체험하는 것도 흥미롭다.

플라잉 기술은 주로 무대에 역동성을 더하고 싶을 때 사용한다. 〈미스 사이공〉에 등장하는 헬기가 공중에 뜨는 장면이나 〈오페라의 유령〉에 나오는 관객들 머리 위를 지나 무대 앞에 떨어지는 샹들리에 장면을 보여줄 때 사용된다. 플라잉 기술은 무엇보다 무대를 객석까지 확장하는 수단이 된다는 점에서 '이머시브 시어터(몰입형 연극)'가 각광받는 요즘 트렌드와도 잘 맞아 떨어진다. 몇 해 전 가족뮤지컬 〈피터팬〉 공연에서 영국의 오리지널 플라잉 기술팀이 내한해 화제를 모으기도 했다.

마지막으로 대형 무대 장치나 도구를 원하는 곳으로 위치시키는 오브젝트 콘트롤 기술이 있다. 〈조로〉에서 육중한 기차가 순식간에 무대에 등장하는 장면이나, 〈미스 사이공〉에서 실물 크기의 캐딜락이 나오는 장면이 대표적이다.

최근 들어 뮤지컬과 접목된 기술이 더욱 다양해지고 첨단화하고 있다. 이는 상업적 성공 여부를 떠나 더 적극적이고 능동적으로 참여하고 개입하기를 원하는 시대적 관객 요구에 부응하기 위한 것으로 보인다. 공연예술에서의 관객은 '제3의 배우'로서 관객이 없는 공연은 존재할 수 없다는 점에서 바람직한 일이다.

뮤지컬의 4차산업혁명 기술들

그렇다면 뮤지컬 공연에 쓰이는 4차산업혁명의 기술들은 어떤 것들이 있을까. 우선 무대에 투사되는 영상은 기본이다. 중년여성들로부터 많은 사랑을 받았던 〈메디슨 카운티의 다리〉에서 주인공 프란체스카가 고향 나폴리를 떠올리는 장면은 특히 인상적이다. 그동안 잊은 채 살아왔던 과거의 자신을 떠올리는 프란체스카의 복잡한 심경이 고스란히 아름다운 영상으로 표현된다. 3D프로젝션 매핑이 일반화되면서 영상 활용이 더욱 활발해졌다.

〈빈센트 반 고흐〉에서는 고흐와 동생 테오 사이에 주고받았던 700여 통의 편지를 표현하기 위해 영상을 적절하게 사용했다는 평가이다. 캔버스의 그림이 배우의 손짓에 따라 움직이는가 하면 고흐가 37세 되던 해 자신의 마지막 봄을 그린 '꽃 피는 아몬드 나무'의 꽃잎이 무대 전체에 처연하게 흩날리기도 한다. 실제 고흐의 그림에 등장하는 낯익은 거리도 여러 곳 볼 수 있다. 물론 영상을 통해서다. 이때 무대세트에 정교하게 계산된 굴곡을 주어 영상이 입혀질 때 세트가 움직이는 것과 같은 효과를 표현했다. 애니메이션 영화 〈러빙 빈센트〉와 또 다른, 공연의 현장성만이 주는 감동을 느낄 수 있다. 그런가 하면 팩션뮤지컬 〈잃어버린 얼굴 1985〉에서는 영상을 3면에 투사시켜 관객의 몰입도를 높이기도 했다.

하지만 이러한 영상 프로젝션 기법에는 한계가 있다. 바로 배우나 다른 오브제를 비추는 조명과 함께 쓰기가 어렵다는 것이다. 조명이 밝을수록 영상이 흐릿하게 보이기 때문이다. 이러한 단점을 보완한 것이 발광다이오드(LED)로 표현하는 영상이다. 〈신과 함께-저승편〉에서는 무대바닥에 80제곱미터(㎡)의 초대형 LED 스크린을 설치해 염라대왕의 공간을 생생하게 묘사해낸다. 선명한 영상 속에서 불이 활

4차산업시대, 예술의 길

활 타오르는가 하면 독사가 강물을 유유히 헤엄쳐 다닌다. 그 속에서 고통으로 몸부림치는 죄수들의 일그러진 얼굴을 생생하게 묘사할 수 있는 것도 모두 LED영상 덕분이다.

관객들에게 놀라움을 안겨준 무대였던 〈고스트〉의 인기비결 중 하나도 LED영상이다. 가로세로 30센티미터(㎝) 크기의 LED판 7,000개로 이뤄진 트러스 구조물에 띄운 영상은 무대 분위기를 더욱 역동적으로 변화시킨다.

한편 홀로그램은 주로 대중음악에서 선제적으로 활발하게 사용하고 있다. 가수 김광석의 재현 콘서트가 열리고 전용 콘서트장이 속속 만들어지고 있다. 하지만 뮤지컬의 홀로그램 추격세도 만만치 않다.

〈벤허〉의 전차경주 장면에서는 실제 크기의 말 모형이 무대 위를 달린다. 그런데 자칫 어색하기 쉬운 이 장면을 살려주는 것이 바로 홀로그램 영상이다. 빠르게 지나가는 원형 경기장의 홀로그램 영상을 모형 말과 어우러지게 함으로써 생동감을 극대화한다. 단 2분의 장면을 위해 6억 원이 투입되었다고 하니 한 번쯤 볼만하지 않은가. 또 뮤지컬 〈나폴레옹〉의 하이라이트 중 하나인 워털루 전투 장면에도 홀로그램이 쓰인다. 무대에 투사된 전쟁터 영상에 홀로그램이 더해져 전투장면의 입체감을 높여준다. 1966년 공연된 〈살짜기 옵서예〉는 고전 '배비장전'을 각색한 우리나라 최초의 창작뮤지컬로 알려져 있다. 이 작품을 최근 리바이벌할 때도 3D 매핑(mapping)과 함께 홀로그램이 사용된 바 있다.

최근 각광받는 드론을 처음 뮤지컬에 활용한 사례는 '태양의 서커스'가 브로드웨이에 진출한 처녀작 〈파라무어〉이다. 연인의 사랑 장면에서 전등갓 10여 개가 공중에서 유영하며 분위기를 고조시킨다.

물론 와이어로 매단 것이 아닌 드론이 전등갓을 뒤집어쓴 것이다. 제작진은 이 드론 군무를 위해 2년에 걸쳐 연구를 거듭했다고 한다.

1930년대의 혼잡한 도시 뉴욕과 정글로 뒤덮인 스컬아일랜드(Skull Island)를 한 공간에 실감나게 재현한 〈킹콩〉. 이 뮤지컬에서는 높이 6미터, 무게 1톤에 달하는 킹콩의 얼굴 표정에 사실감을 불어넣기 위해 로보틱 자동화 시스템을 활용했다. 그런가 하면 2017년에 성남아트센터에서 공연된 〈도리안 그레이〉는 등장인물의 화실을 360도 가상현실(VR) 영상으로 구현했다. 관객들로 하여금 다양한 각도에서 화실을 볼 수 있도록 해 몰입감을 높였다.

국내에서 몇 가지 첨단기술을 한꺼번에 접목한 대표적인 뮤지컬로 〈투란도트〉를 꼽을 수 있다. 푸치니의 3대 오페라 중 하나인 투란도트를 소재로 해 대구국제뮤지컬페스티벌이 제작한 창작뮤지컬이다. 3년간에 걸쳐 기존 뮤지컬 〈투란도트〉에 3D 프로젝션 맵핑, 키네틱 무대장치 등 지능형 무대공연 기술 '인텔리전트 스킨(Intelligent Skin)'을 적용했다. 극대화된 무대연출 효과와 높아진 완성도를 기반으로 해외에서의 반응도 좋은 편이다.

이 밖에 실제 동물을 대체하는 '로봇 액터' 기술, 소리 정보를 인식하는 센서기술을 바탕으로 음악에 맞춰 화려한 영상의 변화와 빛의 퍼포먼스를 선사하는 '브이제잉' 기술도 있다. 또 모션 인식 센서로 극중 연기자와 관객의 움직임에 실시간으로 반응하는 컴퓨터 그래픽, 공연자의 행위에 따라 무대 환경이 바뀌거나 관객 참여에 좌우되는 멀티엔딩 등 새로운 형태의 뮤지컬도 등장할 전망이다. 조만간 오페라에서처럼 뮤지컬에도 인공지능 로봇 배우가 본격적으로 등장할 것이라는 예상은 어렵지 않다.

단점에도 불구하고 발전가능성 큰 디지털 기술

기술에 대한 지나친 의존이 자칫 공연의 질을 저하시킬 수 있다는 일각의 우려에 늘 귀를 기울여야 함은 물론이다. 때로 독특한 기술 효과만이 각인되어 정작 관객은 공연 내용을 쉽게 잊어버리기도 한다. 쉽게 복제될 가능성이 큰 디지털기술로 인해 표절과 같은 지적재산권 피해에 대한 걱정도 상존하는 것이 사실이다.

하지만 첨단기술과의 접목은 이제 시작단계고 향후 발전가능성이 매우 크다. 아울러 현재 공연예술이 처한 어려움을 극복하는 주요한 방안 중 하나로 기술을 활용할 수 있다는 점도 염두에 두어야 한다. 이미 디지털 영상기술은 저렴한 비용으로 즉각적인 효과를 기대할 수 있어 소규모 실험극 등에서 적극적으로 활용되는 추세다. 특히 중소 공연단체는 대규모 무대장치 설치에 따른 부담이 크기 때문에 이를 디지털 기술로 대체하려는 경향은 더욱 커질 것이다.

한편에서는 일찍이 예술 장르 간 융합을 주장했던 바그너(Richard Wagner)의 '종합(총체)예술이론(Gesamtkunstwerk)'이 첨단 4차산업혁명의 주요 기술로 인해 본격 실현되리라는 전망도 나오고 있다. 아니 피에르 레비(Pierre Levy)의 견해에 따르면 이미 '디지털 데이터 총체 예술'[4]의 형태로 구현되고 있다.[5] 20세기 이후 모든 예술 분야가 추구하

---

4) 심혜련(2007)은 사이버 스페이스로 대표되는 디지털 데이터 총체 예술이 기존의 총체 예술과 두드러지게 다른 특징으로 상호작용성과 혼종화를 들었다. 그에 따르면 상호작용성은 예술과 기술의 상호작용, 각 예술 장르 간의 상호작용, 작가 수용자 그리고 작품 간의 상호 작용 등 3가

는 지향성 중의 하나가 장르의 통합 혹은 공감각적인 예술인 것이다(박영욱, 2017). 미술이론가 로잘린드 크라우스(Rosalind Klauss)의 지적처럼 오늘날 뉴미디어의 예술에서는 특정한 미디어가 지닌 고유한 물질적 특성이 소멸된다.

물론 가뜩이나 어려운 공연계가 첨단기술의 빠른 발전 속도를 시간지체 없이 실시간으로 받아들이기는 현실적으로 쉽지 않다. 또한 "기술에 집중하는 것도 중요하지만 스토리가 더 중요하다"는 영국의 일러스트레이터 겸 매직 이펙트 크리에이터 폴 키에브(올댓뮤지컬, 2015)의 말에도 전적으로 공감한다. 그러나 어느덧 첨단기술이 공연의 성패를 결정하는 주요 요소로 부상했다는 점을 부인하기 어렵다. 순수(본격)예술과 대중예술의 경계를 넘나드는 뮤지컬에서는 특히 그렇다. 스펙터클한 볼거리에 익숙해져 점점 더 강한 자극을 원하며, 자신들이 수용하는 예술작품들 속에서 이러한 자극이 반영되기를 원하는 대중들의 요구(심혜련, 2006)를 외면할 수 없다.

뮤지컬에서의 첨단기술 접목사례가 연극, 오페라, 무용, 전통예술등으로 빠르게 확산됐으면 하는 바람이다. 그래서 홀로그램 영상을 사용한 세계 최초의 4D공연으로 알려진 '디지로그 사물놀이' 같은 작품이 더 많이 나오길 기대한다.

지의 양상으로 나타난다. 또한 이 상호작용성은 단지 상호 작용으로 끝나지 않고, 예술과 기술, 각 예술 장르와 작가와 수용자 그리고 작품 간의 혼종화를 가져온다(심혜련, 2007).
5) 피에르 레비에 의하면 디지털 데이터 총체 예술은 "촉감적, 청각적 기능과 3차원적 쌍방향 대화형 시각화 기능을 지니며 디지털 데이터베이스와의 교환이 가능한 새로운 인터페이스의 형태가 일반화"됨으로써 가능해졌다(피에르 레비, 2000).

4차산업시대, 예술의 길

마이클 잭슨의
'위 아더 월드' 를
5G통신에서
재현한다면?

할렐루야 코러스

헨델(Georg Friedrich Handel, 1732~1809)의 오라토리오 중에서도 대표작이라고 할 수 있는 〈메시아(Messiah)〉는 그리스토의 탄생, 수난과 속죄, 부활을 그린 작품이다. '할렐루야 코러스'는 서곡과 3부 53곡으로 이루어진 이 작품의 2부 중 마지막 곡이다. 생동감 있는 리듬과 장중한 화성으로 많은 애호가들에게 '메시아' 중에서도 최고의 백미로 꼽힌다. 비엔나 고전파음악의 대표적 거장 하이든(Franz Joseph Haydn)은 이 코러스를 듣는 순간 이렇게 외쳤다고 한다.

"He is the master of us all!"

런던의 코벤트가든 왕립 가극장에서 초연됐을 때의 일화도 유명하다. 영국 국왕 조지 2세(George II)가 이 곡을 듣고 감동과 환희로 벅차서 자리에서 벌떡 일어섰다. 그러자 주변에 있던 다른 관객들도 따라서 일어났고, 이후 클래식 음악에서는 이례적으로 연주 중간에 관객 전원이 기립하는 것이 관례가 됐다(김희정·김재준, 2017).

2016년 '할렐루야 코러스'로 인해 사람들은 다시 한번 깜짝 놀라게 된다. 미국 유타주의 한 교회에서 150명의 오케스트라 단원들이 '메시아'를 연주하는 중이었다. 여느 때처럼 순서가 되자 300여 명의 합창단이 가세해 '할렐루야 코러스'를 부르며 웅장한 화음을 만들어냈다. 그런데 갑자기 무대 뒤 배경에 화면이 하나둘씩 등장하더니 화면 속의 인물들도 공연장의 합창단과 함께 할렐루야를 부르는 게 아닌가. 코러스는 더욱 웅장해지고 관객들은 화면 속 합창 단원 한 명 한 명을 관찰하는 재미를 더해 합창을 감상할 수 있었다. 이른바 가상합창단이다.

주최 측은 부활절을 맞아 세계 각국에서 참여를 원하는 사람을 모집했는데 2,500명이나 지원했다고 한다. 이 중 오디션을 거쳐 약 1,000명의 영상을 선발해 이번 연주에 참여시켰다.

사실 이런 가상합창(Virtual Chorus)은 이미 2010년에 줄리아드 음대 출신의 작곡가 겸 지휘자 에릭 휘태커(Eric Whitacre)가 처음 고안해서 큰 반향을 불러일으킨 바 있다. 휘태커는 자신이 작곡한 합창곡을 개별적으로 나눠 수십 개국 수백 명의 사람들에게 부르게 하고 이를 유튜브 동영상으로 취합해서 합창곡을 만들었다.

예술의 기원

시각예술의 기원은 원시 동굴벽화에서 찾는다. 가장 오래된 그림은 알타미라나 라스코 등 구석기 시대 동굴벽화로 알려져 있다. 구석기 시대 원시인들이 동굴 속에 순록, 들소, 야생마 등의 그림을 그린 이유에 대해서는 설이 분분하다. 노동하고 남은 시간에 재미나 흥미를 위해 그림을 그린 것으로 보기도 하고,[6] 한편에서는 노동의 수고를 덜기

---

6) 실러(Schiller, 1795)는 『인간의 미학적 교육에 대하여』에서 선천적인 놀이 본능(Spieltrieb)의 용어로써 조형예술의 기원을 설명했다. 하지만 『호모 루덴스』의 저자 하위징아의 경우는 예술의 기원에 본능적 요소가 있다 할지라도 (시각예술을 포함한 조형예술에서) 그것이 놀이 본능과 관계된다고 보지 않기도 한다(J. Huizinga, 2010).

위해 예술을 하게 됐다고도 한다.

그리고 또 한편으로는 현실에서 이루고 싶은 꿈을 이루려는 시도에서 예술이 탄생했다는 주장도 있다. 주술적 수단으로 예술이 탄생했다는 것이다. 당시 사람들은 가상과 현실을 뚜렷하게 구분하지 못했기 때문에 그림이 현실로 이어져 많은 동물을 잡을 수 있을 것으로 생각했다. 따라서 사냥의 전 과정을 재현함으로써 공포감을 이기고 동물에 대한 두려움을 극복하게 됨으로써 승리감과 자신감에 차서 결과적으로 많은 동물을 포획하게 된다는 것이다(Gombrich, 1991). 그 유래야 어찌 되었든 간에 한 가지 확실한 것은 예술은 처음에는 한 사람의 예술가가 아니라 여러 사람에 의해 집단적으로 만들어졌다는 사실이다.

원시 벽화가 시각예술의 기원이라면 공연예술의 기원은 합창에 있다. 그리스어로 코로스(Choros), 라틴어로 코루스(Chorus)라고 하는 합창은 통상적으로 디오니소스(Dionysos) 신전에서 노래를 부르던 전통에서 그 기원을 찾는다.[7] 그러나 원시시대에도 수렵과 채집 전후에 여러 형태의 합창이 이뤄졌을 것으로 미루어 짐작이 가능하다. 어쨌든 디오니소스 신전의 합창은 이후 그리스 비극으로 이어졌다.

그리스 비극에서 처음에는 합창이 차지하는 비중이 상당히 컸다.[8]

---

7) 아리스토텔레스는 비극의 기원이 되는 축제로 디오니소스에게 바치는 제식인 '디오니시아(Dionysia)'를 들었다. 여기에서 피 흘리는 동물을 바치고 신을 찬양하는 노래인 '디시램브(dithyramb, 환희의 찬가)'를 불렀다. 요즘의 합창 공연과 비슷하며, 15명으로 이루어진 남성들이 춤을 추며 부르는 장편의 찬양가이다. 지도자가 즉흥적 이야기를 읊거나 코럿의 전통적인 후렴을 주고받는 형식이었다(임석재, 2018).
8) 코러스는 그리스 비극 나아가 희극을 포함한 연극 전체에서 매우 중요한 특징으로 단순히 노래만 부르는 합창단이 아니라 극적인 역할을 담당하기도 했다. 즉 극의 전개를 주도하며 이끌고 나가는 역할, 이따금씩 극적 행동에 적극적으로 참여해 극적인 효과를 높이는 극화 기능, 사건의 윤리적인 틀에 대한 작품의 기본 의도를 설정하는 윤리 가이드 혹은 도덕 전도사, 관객의 생각을 대변하는 기능 등 배우인 동시에 중재자의 역할을 담당했다(임석재, 2018).

대화를 담당하는 연기자(對話隊)는 5분의 2를 차지한 반면, 합창대는 전체 인원의 5분의 3을 차지할 정도였다. 이후 극에서 합창이 차지하는 비중은 점점 줄어 로마 시대와 중세, 르네상스 시대에 들어와서는 막간에만 잠깐 등장했을 뿐 이야기의 진행에는 별 역할이 없었다. 그러다가 현대극에 와서 한때 합창이 다시 선호되기도 했는데 브레히트의 '소외효과' 연극이 대표적 사례다.

오늘날 합창은 연극의 일부로서 보다는 단독적인 음악으로 발전을 하게 된다. 그러나 오늘날 합창의 역할과 쓰임이 예전만 못한 것 같아 합창애호가로서 아쉬운 마음이다.

어찌 되었든 이처럼 예술은 본래 여러 사람이 공동으로 만들어가는 작업이었다. 이후 '천재예술가'에 의해 좌지우지되기도 했지만, 최근에 다시 '모두에 의한 예술'로 회귀하는 조짐이다. 그 중심에는 기술의 발달이 자리하고 있다.

아날로그 아마추어 합창제

오늘날 그나마 다양한 합창을 한 곳에서 마음껏 감상할 수 있는 기회는 대개 아마추어 합창제이다. 보통 10여 개 이상의 합창단들이 차례로 무대에 등장해서 두서너 곡씩 연주한다. 그런데 단원 수가 수십 명에 이르다 보니 1개 합창단이 무대를 들고나는 데만 시간이 적지 않게 소요된다. 연주회는 지연되는 경우가 다반사이고, 다음 합창단의 순서를 기다리는 시간은 지루하기 짝이 없다. 적게는 수백 명에서 많게는 천여 명이 넘는 출연자들이 대기하는 공간도 문제다. 그래서 종종 객석이 합창단원들의 대기 장소가 된다. 이때 단원들은 자신들의 순서가 끝나면 객석의 자리로 되돌아오게 되는데 한 무리의 단원들이 아무리 신중을 기해서 등·퇴장을 해도 음악 감상의 맥이 깨져버리니 편안하게 음악을 감상하기 어렵다. 공연장 상황이 이렇다 보니 합창제에 다녀오면 음악을 감상했다기보다는 요란한 행사에 참석한 것 같은 뒷맛을 갖기가 십상이다. 그래서인지 대부분의 합창제엔 합창단원과 관련된 친인척과 지인들로만 객석이 채워지고, 한 합창단의 연주가 끝날 때마다 객석엔 비는 곳이 늘어난다. 자신과 관련된 단체가 끝나면 로비에서 사진을 찍거나 가버리기 때문이다.

USA For Africa 프로젝트

1985년 3월 7일, 팝의 황제라 불렸던 마이클 잭슨(Michael Jackson)이 '위 아 더 월드(We are the World)'라는 음반을 냈다. 라이오넬 리치와 함께 곡을 썼고 당시 내로라하는 스타들이 모여 노래했다. 이보다 한 달 전쯤인 1월 28일, 로스앤젤레스의 A&M 레코딩 스튜디오에서 미국의 팝스타 45명이 모여 'USA 포 아프리카(USA For Africa)'라는 단체를 결성하고 합창을 녹음했다. 대기근 때문에 고통받던 수십만 명의 에티오피아 난민을 비롯한 아프리카 난민을 위해 자선기금을 마련해 보자는 취지였다. 10시간이 넘는 철야 작업 끝에 탄생한 이 음반은 이후 4주간 빌보드 차트 정상을 지켰고 2억 달러를 모금하는 성과를 거뒀다.

하나님은 돌을 빵으로 바꾸는 것을 보여주었으니
이번에는 우리 모두 구원의 손길을 보냅시다.
당신이 지치고 외로울 때는 희망이 없어 보이지만
그러나 만일 당신이 믿음만 가지면
위험한 지경에 빠지지 않아요.
우리가 하나가 될 때 변화를 일으킬 수 있다는 것을 깨달아요.
우리는 세계

우리는 어린이
우리는 밝은 날을 만들어야 합니다.
그러니 이제 베푸는 일을 시작합시다.

'We are the World' 가사의 일부이다. 가사 내용처럼 USA For Africa 프로젝트는 많은 사람들에 의한 예술이 얼마나 큰 반향을 사회에 불러일으킬 수 있는가 하는 사례이다. 그런데 수많은 스타들을 한곳에 불러 모아야 했던 당시의 작업은 상당히 어려웠을 거라고 충분히 짐작할 수 있다. 만약 마이클 잭슨이라는 불세출의 인물이 아니었으면 쉽게 이뤄내지 못했을 수도 있다.

네트워크 기술로 다시 태어나는 합창

그런데 이제는 이런 프로젝트들을 쉽게 할 수 있다. 아마추어 합창제도 세련되게 진행할 수 있게 될 날이 머지않았다. 그 많은 사람들이 굳이 한곳에 모이기 위해 저마다 버스를 대절해서 이동하는 수고도 필요 없다. 5G시대가 성큼 다가왔기 때문이다. 이제는 실시간 네트워크 연결을 통해 다양한 합창단들이 한곳에 모일 수 있다. 5G통신기술에서 현재 데이터의 지연시간은 100분의 1초, 향후 이론적인 목표는 1,000분의 1초다.[9] 5G 네트워크가 상용화되면 가상현실과 증강현실

---

9) 국제전기통신연합(ITU)에서 정의한 5세대 통신규약인 5G의 정식 명칭은 'IMT-2020'이다. 5G는 '초고속', '초저지연', '초연결'의 특징으로 인해 기존 LTE보다 한층 더 업그레이드된 서비스가 가능하며, LTE에서 기술적 한계로 인해 불편을 야기했던 몇몇 문제를 해결할 수 있다. '초고속'은 최대 20Gbps, 실생활 체감 속도 최소 100Mbps가 가능함을 의미하는데 2GB 영화 한 편을 다운로드할 때 LTE로는 약 16초가 걸리는 데 비해 5G로는 0.8초면 완료된다. 또 '초저지연'은 LTE에 비해 최대 10분의 1 수준으로 빠른 응답이 가능해짐을 의미하며, '초연결'은 동시에 접속할 수 있는 기기의 수가 엄청나게 많아진다는 것을 뜻한다. GSMA(세계이동통신사업자협회)에 따르면 2017년 인터넷과 연결된 IoT기기 수는 75억 대인데 비해 2025년이 되면 251억 대로 늘어날 전망이다(커넥팅랩, 2019).

을 통합해 현실 배경 위에 현실과 가상의 정보를 혼합하여 동시에 제공하는 융합현실(MR)의 시대가 열릴 것이라는 전망이다(트렌드 코리아, 2018).

　5G시대의 가상합창제는 무대에 아무도 없어도 된다. 좀 아쉬우면 지휘자나 반주자, 혹은 솔로를 담당한 몇 명의 연주자들을 무대에 등장시키면 그만이다. 연주가 여러 곳에서 열리기 때문에 자연스럽게 다양한 무대연출도 가능하다. 합창제의 객석도 이제는 온전히 음악감상자들의 차지가 되어 다양한 합창단의 다양한 음악을 감상 분위기를 흐리지 않고 편안하게 즐길 수 있다. 프로 합창단이 등장하는 연주회도 물론 마찬가지다.

　'위아더월드'와 같은 프로젝트도 보다 쉽게 성사될 것이다. 가상의 공간에 내로라하는 톱스타들을 한곳에 모으는 일이 매우 쉬워졌기 때문이다. 언제 어디서든 마음만 먹으면 전 세계 예술가들이 모여 합창을 통해 세계 각지의 사람들에게 자신들의 좋은 취지를 호소할 수 있다.

　물론 가상합창은 마크 핸슨(Mark Hansen, 2004)의 지적처럼 '몸'을 부정하거나 몸의 개입을 위축시키는 결과를 가져올 수 있다. 하지만 이제껏 알려지지 않은 현실의 잠재성을 무한히 확장하여 보여주는(Pierre Levy, 2000) 디지털 미디어의 근본적 특성 또한 인정해야 한다. 들뢰즈(Gilles Deuleuze, 1986)의 말대로 '가상성'이란 허구라기보다는 우리 인간에게 알려지지 않은 '잠재적 가능성'이다(박영욱, 2017). 아울러 어쩌면 물질이란 '이미지들의 총체'일 수 있다(Henry Bergson, 1965). 이미 수많은 미디어를 통해 전달된 실재감을 경험하며 사는 이상, 우리에게 진정한 현실은 없으며 모든 것은 '매개된 실재(mediated reality)'에 불과할 수도 있다(이원곤, 2019).

휘태커의 연주회에선 대부분 사전에 녹화한 영상을 합성해야 했다. 기존 통신기술로는 시간지연(Time Lag)을 극복할 수 없었기 때문이다. 그러나 5G기술은 시간 지연을 거의 극복함으로써 실시간 '가상합창'도 충분히 가능해질 전망이다. 이른바 네트워크 아트(network art)가 합창에 구현되는 것이다. 심지어 주변 사람들과의 커뮤니케이션에도 합창을 손쉽게 도입할 수 있음은 물론이다.

페이스북은 물리적으로 다른 공간에 있는 사용자들이 마치 한 곳에서 의사소통을 하는 것과 같은 '소셜 VR'기술을 선보이겠다고 밝힌 바 있다. 휘태커의 말대로 우리가 서로의 경험과 목표를 함께 한다면 언제 어디서나 서로 자연스럽게 연결할 수 있다. 세계 어느 지역의 사람과도 네트워크 합창을 통해 따뜻한 커뮤니케이션을 할 수 있는 시대는 상상만으로도 포근하다. 논어(論語)에는 이런 구절이 나온다.

"시를 읽음으로써 바른 마음이 일어나고, 예의를 지킴으로써 몸을 세우며, 음악을 들음으로써 인격을 완성하게 된다(興於詩 立於禮 成於樂)."

자신을 나타내기보다는 함께하는 사람들을 배려함으로써 조화를 이루는 공동체 활동에 참여하는 사람들의 인격과 마음은 따뜻해질 수밖에 없다.

4차산업시대,
예술의 길

문화도시와
빅데이터[10]

---

10) 이 장은 《문화와 융합》에 실린 공저 논문인 "문화도시 지정사업에서의 실효적 거버넌스 구축
  방안 연구"의 일부 내용을 기반으로 작성되었다.

최근 들어 협치(Governance)가 정치 분야뿐 아니라 사회의 다양한 분야에서 화두가 되고 있다. 문화 분야에서는 2018년 말 10개의 예비문화도시 선정과 2019년 말 7개의 법정 문화도시 선정을 계기로 문화도시 지정사업이 문화체육관광부와 지방정부 차원에서 본격화되고 있다. 향후 추가적인 문화도시 선정이 예정되어 있어 기존 선정도시 이외에 여러 지자체에서 준비에 몰두하고 있는 것으로 알려졌다.

UN은 2000년대를 도시의 시대(Urban Millennium)라고 명명한 바 있다. 이미 세계인구의 절반 이상이 도시에 거주(2008년 기준)한다(이승권 2016). 향후 도시화는 더욱 빠르게 진행될 전망이다. 이러한 도시의 확장 시대를 맞아 문화도시에 대한 우리 정부의 관심은 지극히 당연하다. 문화가 도시경쟁력의 핵심 요소이며 도시 이미지의 변화로 인해 도시경쟁력을 향상하는데 기여할 수 있다(Kevin, 2003).

그러나 문화도시 지정사업은 그 개념의 모호성에서부터 기존 유사사업과의 관계 설정에 이르기까지 해결해야 할 과제들이 산적해 있다. 기존 문화도시 관련 사업과의 차별성과 연관 관계에 대해 혼선이 있는 것도 사실이다. 도시재생 뉴딜사업(국토부), 문화적 도시재생 사업[11],

---

11) '문화적 도시재생 사업'은 문화체육관광부가 지역 내 쇠퇴한 장소를 문화를 통해 활성화하기 위한 프로그램을 지원하는 사업이다. 무분별한 물리적 재개발에 따른 부작용을 예방하고 도시의 역사와 문화를 바탕으로 도심과 공동체를 활성화하기 위해 2018년부터 추진해왔다. 2018년에 4개 지역에 대한 시범사업을 실시한 데 이어 2019년에는 총 19곳으로 사업 대상지를 대폭 확대했다(김진수, 문체부, 남양주 등 19곳 문화적 도시재생 사업지 선정, 여성신문 2019.04.15.).

문화특화지역 조성사업, 거점형 문화도시(역사전통문화도시) 사업, 동아
시아문화도시 사업(이상 문체부) 등 이전에도 다양한 형태의 문화도시
관련 사업이 추진되어 왔기 때문이다.

　문화도시 지정사업에서 최우선적 과제는 문화도시의 개념 혹은 성
격을 정의하는 일이다. 기존 예비문화도시 중 일부가 중도에 탈락한
다고 하더라도 후속으로 선정될 도시까지 포함하면 30여 개의 문화도
시가 본사업에 선정될 것으로 보인다. 전국에 편재할 것으로 예상되는
많은 문화도시들이 정치적·형식적·선언적 의미가 아닌 실질적으로
지역에 착근하기 위해서는 개념 정의부터 새롭게 되짚어 볼 시점이다.

　현재의 문화도시사업은 기존 문화적 도시재생에 대한 반성 혹은 연
장선에서 비롯되었다. 문화다양성선언(2001)에 의하면 도시의 문화
적 재생에서 문화란 사회와 사회 구성원의 특유한 정신적·물질적·지
적·감성적 특성의 총체로 간주해야 한다. 또한 예술 및 문학형식 외
에 생활양식, 함께 사는 방식, 가치체계, 전통과 신념을 포함한다. 그
러니까 도시 및 공동체의 역사와 문화 등 문화적 유산, 그리고 사회적
위기와 삶의 전환 등 사회변동에 대한 대응이 문화적 재생의 주요 개
념이었다.

　그런데 최근의 문화적 재생에는 창의적이고 자율적인 시민의 등장
및 확장을 통한 주체의 형성이 주요 요소로 꼽힌다. 재생의 주체에 자
율성과 재량권을 부여함으로써 협치와 공유를 이루는 '시민력'이 강조
되고 있는 것이다. 이는 젠트리피케이션(gentrification)의 교훈에서 비
롯되었다. 기존 도시재생에서 문화가 도구화, 상업화, 식민화, 권력화
되었다는 일각의 주장에 대한 반성이다.

지역문화협력위원회(2019)[12]는 문화도시가 성공하기 위한 요소로 가치체계와 방향성, 추진의지와 지자체 간 협력 및 재원 확보, 특성화 계획과 지역문화 다양성, 도시재생 뉴딜과의 구체적 협업, 유기적·입체적 실현 가능성 등을 들고 있다. 하지만 이 모든 것들을 구현하는 데 있어 가장 기본적인 토대는 민간 주도 추진체계의 구축에 따른 거버넌스(governance) 체계의 확립이다. 이 점은 문재인정부가 2017년 8월에 발표한 100대 국정과제에는 '획기적인 자치분권 추진과 주민 참여의 실질화'가 명기되어 있다. 아울러 "시민들과 함께 지역별 문화도시 조성계획을 수립하여 추진하는 과정 그 자체가 도시문화를 활성화하는 과정"이라는 문화체육관광부의 정책브리핑(2019)에서도 확인된다.

거버넌스는 본래 환경을 비롯해 산업구조와 사회구조 등의 총체적인 변동에 대해 정부 단독으로 대응하기 어렵다는 한계에 대한 인식에서 비롯되었다. 그러나 문화도시에서 거버넌스는 보다 본질적이다. 문화도시는 사람을 중심으로 한 유기적 재생으로서 개개인 삶의 구체적 현상에 의미를 부여하는 것이기 때문이다. 사람이 중심이 되는 문화도시는 결국 문화도시 건설의 주체가 되는 사람의 참여에 의해 만들어지는 것에서부터 시작한다.

물론 대부분의 문화도시사업에 참여하는 지자체들이 거버넌스 체계의 수립을 위한 사업들을 적극적으로 전개하고 있거나 계획 중이다. 그러나 사업계획서상에 나타난 거버넌스 관련 사업 중에는 기존

---

12) 지역문화협력위원회는 지역문화 진흥정책과 사업에 관한 자문을 위해 문체부 장관 소속으로 설치된 심의기구다. 한국문화예술위원회, 한국문화예술교육진흥원, 한국문화원연합회, 한국문화예술회관연합회, 광역 및 기초 지역문화재단연합회 등 지역문화 관련 기관 대표와 지역문화 전문가, 행정안전부, 농림축산식품부, 국토교통부 등 관계 부처 공무원으로 구성된다. 2015년에 출범한 제1기 위원회(임기 2년)에 이어 2018년 3월30일 제2기 위원회가 출범했다 (http://www.newswire.co.kr/newsRead.php?no=866796, 2019.5.10. 검색).

의 관행을 되풀이하는 경우도 많다. 설령 기존보다 진일보했다 하여도 피상적 또는 행사성의 한계를 완전히 벗어나기 어려워 보인다.

관과 민이 유기적으로 연결된 파트너십의 구축을 통해 주민의 요구를 수렴하고 참여를 촉진하는 방안에 대해서 보다 심도 있는 고민이 필요한 시점이다. 이는 4차산업혁명으로 대변되는 기술의 급격한 발전에 대응하는 새로운 형식의 거버넌스가 요구된다는 점을 의미하기도 한다.

21세기는 정보기술의 비약적 발달로 인해 방대한 규모의 데이터가 생산·유통·소비되는 '빅데이터(Big Data) 시대'로 불린다. 한국의 경우 전체 가구의 99.5%가 인터넷 접속이 가능하며, 만3세 이상 이용률은 90.3%로, 이 중 68.2%가 SNS를 이용해서 커뮤니케이션 활동을 한다('2017인터넷이용실태조사, 한국인터넷진흥원 2018). 따라서 인터넷 및 스마트폰을 통해 생산되는 SNS 데이터의 분석 및 활용은 거버넌스에 있어서 참여 범위의 확대를 가져올 것이다. 즉 기존의 능동적, 수동적 참여와 더불어 소극적 참여를 거버넌스의 요소로 추가함으로써 한 차원 높은 거버넌스 체계를 구현하는 문화도시를 구축하는 데 일조할 것으로 보인다.

이 책에서는 문화도시 건설의 성공을 위한 핵심적 방안 중 하나가 거버넌스라는 관점과 더불어 주민 참여(participation)의 확대가 문화도시 거버넌스의 성공요인 중 하나라고 보고 이를 구현하기 위한 방안을 모색해 보고자 한다. 바로 '소극적 참여'를 반영할 수 있는 빅데이터 거버넌스의 도입 방안이다.

문화도시의 개념과 문화도시 지정사업

문화도시의 개념은 다양하고 모호하다. 문화라는 말 자체부터가 그렇다. 문화는 비문화적인 것과 대비하여 더 인간적인 상태나 더 도덕적인 상태로 간주할 때 쓰인다. 다원주의적 비교의 속성으로서 모든 지역과 집단이 보유한 고유의 문화 간에 위계를 설정할 수 없을 때도 문화라는 말을 사용하기도 한다. 또한, 비경제적-비정치적 속성으로서 예술, 도덕, 종교, 학문, 대중매체 등을 포괄적으로 지칭할 때는 문화예술, 대중문화 등이 그 대표적 사례가 된다(정성훈, 2012). 한편에서는 "한 사회와 집단, 특정한 공간과 지역을 정체하는 것(라도삼, 2019)" 등으로 문화를 간단히 정의하려는 시도들도 있어 왔다. 하지만 여전히 추상적일 뿐만 아니라 일반화시켜서 사용하기는 더욱 어렵다. 결국, 문화의 개념은 각 사업이나 정책에서 지향하는 바에 따라 또는 학문 분야에 따라 조금씩 달라질 수밖에 없다.

법률적으로 문화도시는 『지역문화진흥법(2014년 제정)』에 "문화예술·문화산업·관광·전통·역사·영상 등 지역별 특색 있는 문화자원을 효과적으로 활용하여 문화창조력을 강화할 수 있도록 지역문화진흥법 제15조에 따라 지정된 도시"로 정의되어 있다. 이보다 앞서 문화체육관광부는 2013년에 "다양한 문화가 공존하는 도시에서 시민이 공감하고 함께 즐기는 그 도시만의 고유한 문화가 있으며 이를 바탕으로 한 새로운 사회현상 및 효과가 창출되어 발전과 성장을 지속하는 도시"로 문화도시를 정의한 바 있다.

이 책에서는 앞선 정의를 받아들이되, 보다 간단하게 지역성과 장소성을 기본적으로 가지고 있으면서 다양한 문화관련 정책을 펴는 도시(안진근, 2013)로 정의하고자 한다. 이는 지역의 문화예술과 자원을 결합한 산업을 육성하고 이를 뒷받침하는 환경조성을 통해 창의성을 발현할 수 있으며 주민의 입장에서 매력적이고 즐거움과 느낌이 있는 도시(김효정, 2004)를 의미한다.

문화도시의 개념이 처음 출현하게 된 시기는 1970년대 후반 혹은 1980년 초반부터로 알려져 있다. 유럽의 공업도시들은 1차산업(광산, 제조업 등)의 쇠퇴로 인해 경제·사회적 위기에 몰리게 된다. 이때 도시재생 방안의 일환으로 각 도시들은 문화와 예술을 중심으로 하는 새로운 프로젝트를 추진했다. 일각에서는 문화예술을 활용한 도시재생 정책이 1970년대에 미국 볼티보어, 보스톤 등에서 시작하여 유럽으로 전파되었다는 의견도 있다(서준교, 2006; Griffiths 1993). 그러나 문화도시가 세계적으로 확산된 계기는 유럽의 몇몇 공업도시들의 문화예술을 통한 성공적인 도시재생이 세간에 알려지면서부터이다.

1983년 그리스의 문화부장관 메르쿠리(Melina Mercouri)의 제안으로 프랑스 문화부장관 자크 랑(Jack Lang)에 의해 유럽문화수도 프로그램이 출범했다. 이를 시작으로 아랍연맹(Arab League)이 주도하는 아랍문화수도(1996년), 아메리카문화수도(American Capital of Culture, 2000년), 유네스코창의도시네트워크(2004년), 동아시아 문화도시(2014년) 등의 프로그램이 차례로 출현하게 된다. 이들에 대한 평가는 엇갈리지만, 대부분 도시재생 프로그램의 성과와 내용을 기반으로 한 랜드마크의 조성 또는 문화이벤트에 의한 도시재생에 한정된 양상을 보인다. 하지만 최근에 와서 문화도시는 시민의 문화적인 감성을 증진하는 한편, 도시의 기능적·미학적 가치를 고양하는 종합적 정책 수단으로 확대·발전하고 있다.

문화도시의 유형은 과거에 문화예술 지향형·커뮤니티형·도시경영형·문화창출형(김효정, 2006), 체험형·네트워크형·스토리지향·창조도시형·도시재생형(유승호, 2008), 사회통합모델(integration model)·문화산업모델(cultural industries model)·도시판촉 모델(promotion model)(Griffiths, 1995) 등으로 분류되기도 했다(심상민, 2014, 재인용). 그러나 최근 들어서는 이들 유형이 따로 있는 것이 아니라 상호연계된 형태로 조성되는 경향을 보이고 있다.

문화체육관광부는 그동안 문화특화지역 사업(도시형, 마을형) 및 지역거점 문화도시 등 다양한 문화도시 관련 사업을 추진해왔다. 가령 2014년 시작한 문화특화지역 조성사업의 경우 2018년에는 문화도시형 26곳, 문화마을형 25곳 등을 지정하였다. 거점형 문화도시는 2006년부터 추진 중인 사업으로 경주, 전주, 공주·부여 등을 역사전통문화도시로 지정한 바 있다.

2018년 시작된 '문화도시 지정사업'은 문화체육관광부가 문화적 기반과 역량을 갖춘 도시를 대상으로 장기적 관점에서 문화를 통한 지역발전 계획 전반을 종합적·체계적으로 지원할 필요에 의해서 시작되었다. 문화체육관광부(2018)의 '문화도시 추진 가이드라인(이하 가이드라인)'에 따르면 문화도시의 정책 비전은 '문화를 통한 지속가능한 지역발전 및 지역주민의 문화적 삶 확산'이다. 지역의 공동체 활성화, 문화를 통한 균형발전, 창의적이고 지속가능한 성장기반 구축, 사회혁신 제고 등을 사업의 목표로 한다. 대규모 시설 조성계획이 아닌 지역문화발전 종합계획을 지원하며, 중앙·관 주도에서 지역중심·시민주도형 도시문화 거버넌스로 전환하고, 단순 재정 지원을 넘어선 효과적 추진체계 구축과 컨설팅 지원 등의 방향성 또한 천명했다.

가이드라인은 문화도시란 특색 있는 지역 문화자원을 효과적으로 활용해 이른바 '문화 창조력'을 강화할 수 있도록 지정하는 도시라고 밝히고 있다. '지역문화진흥법 제15조 제1항'[13]에 따라 광역 및 기초

---

13) 문화체육관광부장관은 지역의 문화자원을 활용한 지역발전을 촉진하기 위하여 심의위원회의 심의를 거쳐 문화예술, 문화산업, 관광, 전통, 역사, 영상 등 분야별로 문화도시를 지정할 수 있다.

4차산업시대, 예술의 길

자치단체의 신청을 받아 정한다. 이때 동법 2항에 의거, 기초 지자체는 광역 지자체와 사전 협의를 거쳐 지정 신청을 한다. 또한, 기본적으로 도시 고유 명칭을 바탕으로 기본분야를 설정하고 지역이 신청 및 제안하는 문화브랜드를 담아 지정한다. 이때 기본분야는 문화 관련법을 근거로 역사전통·예술·문화산업·사회문화 중심형·지역 자율형 등의 유형으로 구분한다.

문화도시를 지정하기 위해서는 지자체의 '문화도시 조성계획(이하 조성계획)' 수립 및 문화도시 지정 신청, 문체부의 지자체 조성계획 승인, 조성계획을 승인받은 지자체(이하 예비도시)의 1년간의 예비사업 추진, 문체부의 예비사업 평가 등의 단계를 거쳐야 한다. 전체 지정 과정에는 약 2년이 소요된다. 제1차 문화도시는 2019년 말에 7곳이 선정되었다. 제2차 문화도시는 2020년 말에 각각 5-10개 내외를 지정하며, 2022년까지 전국적으로 30개 내외의 문화도시를 지정할 계획으로 알려졌다.

문화도시로 지정되면 지역의 문화도시 조성계획을 성공적으로 실행할 수 있도록 문체부가 조성계획 수립과 예비사업 추진, 5년간의 본 사업 추진 등 조성 과정 전반에 걸쳐 컨설팅을 지원한다. 또한, 5년간 약 200억 원(국비 100억, 지방비 100억) 규모의 사업비가 투입될 예정이다.

2018년 5월, 1차로 법정 문화도시 지정 절차에 착수해서 같은 해 12월 26일 충남 천안시, 대구광역시, 경기 부천시, 강원 원주시, 충북 청주시, 전북 남원시, 경북 포항시, 경남 김해시, 제주 서귀포시, 부산 영도구 등 10개 지자체가 문화도시 조성계획을 1차로 승인받아 예비 문화도시로 지정되었다. 이 중에서 부천 등 7개 도시가 2019년말에 법정 문화도시로 선정되었다. 법정 문화도시는 전술한 바와 같이 1년간의 예비사업 기간 이후 문화도시심의위원회의 심의를 거쳐 문화체육관광부 장관이 지정한다.

추진체계를 살펴보면 중앙에서는 문화체육관광부와 민관으로 구성된 문화도시심의위원회가 정책 수립, 조성계획 승인, 문화도시 지정 및 취소를 담당한다. 민간의 문화도시지원센터는 문화도시 사업 컨설팅, 연구개발, 평가·관리를 맡는다. 지역에서는 행정−시민−전문가가 참여하는 문화도시추진위원회를 구성한다. 이 위원회의 임무는 문화도시 방향, 사업제안, 평가 등 문화도시 관련 주요의제를 검토하는 것이다. 아울러 문화도시 사업을 총괄 추진하는 민간 조직을 두어 문화도시 사업 추진, 문화도시 추진위원회 운영, 주민 의견수렴 등을 담당하게 된다. 이때 지자체 실정에 맞게 설치하고 문화도시총괄기획자(PM)의 영입을 권고하고 있다. 이상 정부가 제시하는 추진체계가 시사하는 바는 문화도시 지정에 있어서 거버넌스 체계의 구축에 대해 상당한 비중을 두고 있다는 점이다.

문화도시의 거버넌스와 소극적 참여

거버넌스(governance)는 행정 서비스를 정부가 일방적으로 제공하는 것이 아니라 정책의 이해관계자가 전략 및 목표를 공동으로 설정하는 것이다(류지성·김영재, 2010). 공통의 문제해결을 위한 사회적 조정기제(이명석, 2002)라고 할 수 있다. 거버넌스는 1970년대 중엽 북유럽의 '시민 참여에 의한 행정'에서 연유하였다(안문석, 2002). 이후 1980년대에 민관 파트너십이 강조되다가 1990년대 들어 본격적 논의가 이루어지기 시작했다(공용택, 2011). 국내의 경우는 1990년대 이후 신공공관리론을 실천하기 위한 과정에서 나타난 다양한 문제들을 보완하기 위한 방편으로 등장했다. 특히 1997년말의 IMF 외환위기는 정부부문 혁신의 일환으로 거버넌스 논의가 본격화되는 계기가 되었다(유재미·오철호, 2015).

거버넌스는 행정학(고객만족과 성과 중심의 행정관리), 정치학(다양한 주체들 간의 협력적 통치체제), 사회학(국가와 시장, 시민사회의 새로운 파트너십 네트워크), 제도주의 경제학(시장 중심의 공동체적 자율관리 체계)(추미경, 2019) 등 학분 분야에 따라 조금씩 다르게 규정된다. 또한, 넓은 의미로 사용되는 '공통문제 해결기제로서의 거버넌스'에서부터 '정부 관련 문제 해결방안으로서의 거버넌스' 그리고 좁은 의미의 '네트워크 거버넌스로서의 거버넌스' 등에 이르기까지 개념의 범위가 넓다(이명석, 2002). 하지만 어느 경우이든 시대적 환경변화에 상응하여 참여의 중요성에 대한 인식은 점차 증가하고 있는 것으로 보인다.

거버넌스의 구성요소는 참여성·개방성·상호협력성(Stoker, 1997), 시민의 참여·개방성·투명성(Hilliard and Kemp, 1999), 이해관계자 협의 및 정보공유·의사결정방식 및 과정의 투명성·명령과 통제(Caffyn and Jobbins, 2003), 참여·공개·책임성·일관성·효과성(Bauer, 2004), 참여성·책임성·투명성·협력성(정인희, 2010), 참여·협력·신뢰·역량·전문성(유창근·임관혁, 2010), 자발적 참여·공동결정·협력(김형양, 2006) 등 논자마다 다양하다. 하지만 다른 요소들과 달리 참여성만큼은 대부분의 연구자들이 채택하는 거버넌스의 공통요소임을 확인할 수 있다(김선영·권병웅, 2019). 또한, 일각에서는 뉴거버넌스 또는 네트워크 거버넌스로도 불리는 이른바 참여형 거버넌스라는 개념이 확산 중이기도 하다(최성욱, 2011).

그러나 그동안의 거버넌스가 구성원들에 의한 자생적 질서와 자발성에 기반함으로써 진정한 '열린 사회'를 구현해 왔는가에 대해서 반성과 재검토가 필요하다. 적어도 참여의 차원에서 볼 때 그렇다. 민간의 참여는 극히 제한적이었으며 설령 참여가 구현된다 하여도 대부분은 일부 문화세력(권력) 혹은 시민단체 등에 국한된 것이었기 때문이다 (김선영·권병웅, 2019).

참여의 사전적 의미는 의사결정에 영향력을 행사하는 활동을 의미한다. 좁은 의미로는 정부의 정책에 영향을 미치기 위한 시민의 활동, 즉 시민참여를 가리킨다(네이버 지식백과). 연구자마다 참여를 분류하는 기준 또한 다양하다.

Zimmerman(1986)과 Langton(1972)은 시민의 능동성을 기준으로 각종 공청회, 협의회, 위원회 등의 '능동적 참여'와 서베이 등의 '수동적 참여'로 구분하였다. ACIR(1979)은 참여자의 규모와 정보흐름의 방향에 따라 개인적 참여, 조직적 참여, 개인정보 수집, 정보전파 등으로 분류하였다. 또한 Brown(1974), Lunde(1996), Sharp(1990) 등은 시민의 참여와 재량권 정도를 기준으로 협의(consultation), 정보제공(information), 위임(delegation), 공사협동(partnership), 통제(control) 등으로 나누었다. 이승종(2005)은 정부와 시민 간의 영향력 관계 또는 결정권의 위치에 의거하여 반응적(reactive) 참여, 교호적(interactive) 참여, 통제적(controlling) 참여 등이 있다고 보았다(이승종, 2005, 재인용).

그러나 이러한 분류는 이른바 4차산업혁명을 촉발하는 기술의 급속한 발전 이전에 유효한 것이 대부분이다. 대량의 정성적 정보를 수집·분석할 수 있는 빅데이터가 출현한 이 시대에는 능동적이고 적극적인 참여 또는 정부의 요청에 부응하는 수준의 수동적인 참여로는 거버넌스를 충분하게 구현할 수 없다. 즉 '소극적 참여(passive participation)'(김선영·권병웅, 2019)를 거버넌스의 구현에 있어서 적극적으로 고려해야 한다.

여기에서 '소극적 참여'란 기존의 제도적 장치에 대한 적극적 참여 대신 비제도권에 머물면서 자신의 의견을 소셜미디어 등을 통해 개진 또는 공유하는 참여를 의미한다(김선영·권병웅, 2019). 가령 공식적으로 자신의 목소리를 내지 않는 대다수의 시민들도 이제는 소극적 참여가 가능하다. 소셜미디어에 댓글을 다는 등의 행위를 통해 의사를 표시하거나 자신의 생각 또는 행적을 기록할 수 있기 때문이다.

물론 소극적 참여는 기존의 능동적 혹은 수동적 참여에 비해 비적극적이고, 비제도적이며 개인적 차원에서 이루어지는 경우가 대부분이다. 하지만 이러한 의사표시 역시 참여임이 분명하며, 이러한 의사들을 반영할 때 비로소 거버넌스에 보다 다가갈 수 있다. 아울러 직접민주주의의 대안으로서도 기능할 수도 있다. 물론 다수결의 원칙이 최선이며 무조건적으로 대중의 의사를 좇자는 의미는 아니다. 다만 의사결정 시 반영되어야 할 요소 중 하나로 소극적 참여가 특별히 고려해야 할 시대가 도래했다는 것이다.

특히 진정한 의미의 문화도시를 구현하기 위한 전제조건으로 '소극적 참여'는 반드시 고려되어야 하는데 그 이유를 살펴보면 다음과 같다.

첫째, 문화적 방식으로 만드는 문화도시, 즉 문화도시를 만들어가는 과정 자체가 문화가 되는 도시를 위해 필요하다. 우선 도시인을 의미하는 프랑스어 시민(citoyen)과 영어의 시민(citizen)은 '조직된 공동체의 일원', 다시 말해 '정치 행위를 하는 사람'이라는 의미를 내포하고 있다(이승권·양희주, 2016). 따라서 문화도시가 문화적 방식으로 만들어진다고 했을 때, 정치 행위를 하는 사람에 대한 배려가 우선적으로 고려되어야 한다. 그런데 문제는 기존의 능동적 혹은 수동적 참여만 가지고는 진정한 시민의 참여가 이루어지지 않는다는 데 있다. 대다수를 차지하는 소극적 참여자들에 대한 배려가 있을 때 문화도시 조성 과정은 비로소 문화적이 될 수 있는 것이다.

둘째, 시민 각자가 자기존재 가치를 드러내는 문화도시 조성에 필요하다. 문화체육관광부(2018)의 문화도시는 "시민들이 이웃과 맺는 인간관계의 규범을 돌이켜보고 새로운 규범을 창출할 수 있는 도시, 자기 삶의 목적과 의도를 반성하고 보다 나은 가치를 지닌 삶을 기획할 수 있는 도시, 경제·사회·예술적 행위를 비롯한 모든 시민행위와 그 산물들이 궁극적인 삶의 가치와 자기존재 가치에 부응할 수 있는 도시"이다. 그런데 시민의 자기존재 가치 즉 자아실현의 효과는 무엇보다 참여를 통해 발현된다(Dalton 2009: 4). 시민 각자로 하여금 자기존재 가치를 구현하는 길은 보다 많은 시민들의 참여를 이끌어내는 데 있으며, 이는 결국 소극적 참여자에 대한 사회적 배려로 귀결된다.

셋째, 소극적 참여는 문화도시의 진정한 지역성 확보에 기여한다. 문화도시는 기본적으로 지역성을 근간으로 한다. 그런데 지역성을 달리 표현하면 각 지리적 공간 내에서 지역민들에 의해 공유되는 이해, 경험, 유산 또는 기대에 의해 형성되는 소속감(송준서, 2010)이다. 협의 또는 광의이든, 보다 넓게 국가적 혹은 글로벌한 차원이든 간에 지역성은 구성원의 소속감에 기반하며 주지하다시피 소속감은 주로 참여에 의해 형성된다. 아울러 이때의 참여 역시 보다 많은 소극적 참여자들을 포용할 때 완성될 수 있다.

마지막으로 소극적 참여는 창조계급의 유인을 통해 문화도시 구축을 지원한다. 창조도시의 대표적 이론으로는 리처드 플로리다(Richard Florida)의 '창조계급론', 찰스 랜들리(Charles Landry)의 '창조도시', 사사키 마사유키의 '창조하는 도시' 등이 있다. 이들 창조도시 이론이 주장하는 핵심 중 하나는 '창조계급을 유치함으로써 지역의 문화자원을 활용한 도시 건설'을 시도해야 한다는 것이다(이승권·양희주, 2016). 그런데 창조계급의 유인을 위해서는 도시 자율성의 전제조건은 다양성의 확보이다. 이와 관련하여 일찍이 랜들리(2005) 역시 시민의 참여를 강조한 바 있다. 그에게 있어 참여의 개념은 적극적 참여에 국한된다. 하지만 오늘날에는 적극적 참여에서 한 걸음 더 나아가 소극적 참여를 포함하는 것이 필요하다. 보폭넓은 다양성이야말로 창조계급 유인 요소 중 하나가 될 수 있기 때문이다.

예비문화도시의 거버넌스 관련 사업

2018년 지정된 10개 예비문화도시들이 시행하고 있거나 예정 중인 거버넌스 사업의 예산 및 비중 그리고 참여 유형을 살펴보자.

대부분의 지자체가 다양한 양태를 띠긴 하지만 거버넌스 관련 사업에 상당한 관심을 보이며 다양한 사업 아이디어를 제시하고 있는 것으로 분석된다. 그러나 예산 측면에서 지자체별로 편차가 심한 편이다. 5개 지자체의 경우는 거버넌스 예산이 전체 예산의 5%에도 훨씬 못 미치는 실정이다. 정부의 가이드라인과 지자체별로 내세운 비전과 목표에서 강조한 바와 달리 과연 문화도시의 거버넌스가 제대로 구현될 수 있을지 의구심이 드는 대목이다.

보다 근본적으로는 문화도시 사업의 추진주체가 실효적 거버넌스의 추진에 적절한지 검토해야 한다. 가이드라인에서도 밝히고 있듯이 문화도시 사업추진의 주체는 문화도시센터(문화적 도시경영 전문조직)와 문화도시추진위원회이며, 사업참여의 주체는 시민리더가 중심이 된 도시시민이다. 이처럼 사실상 모든 주체는 전문가 또는 전문조직 및 문화리더로서 기존의 거버넌스 체계를 답습하고 있다. 사업 참여 및 실행자로 도시시민을 적시하고 있지만 이마저도 실질적으로는 시민리더가 중심이 될 수밖에 없다.

따라서 사실상 거버넌스의 모든 주체에서 일반 시민은 여전히 배제된다. 가이드라인에서는 문화인그룹, 기획운영자, 행정담당자 등과 함께 도시문화 거버넌스의 4대 주체 중 하나로 '시민그룹'을 꼽고 있다. 그런데 가이드라인에서 정의하고 있는 '시민그룹'은 "사업에 관심과 추진의지를 가지고 있는 시민들의 그룹으로 활동의지가 발의되면 시민협의체로 공동체화"한 집단이다. 여기서 말하는 시민그룹은 적극적 참여를 하는 기존의 시민단체 또는 그룹이다. 따라서 사업에 상대적으로 관심과 추진의지가 적은 일반시민의 의사가 반영되기는 여전히 어려운 구조이다. 이와 같이 추진 주체의 규정에서부터 적극적 활동을 펼치지 않는 대다수의 일반시민이 배제되다 보니 문화도시의 거버넌스 구축방식 역시 기존 관행에 머무를 수밖에 없다.

또한, 가이드라인은 거버넌스 형성과정을 "관주도의 'Top-Down' 설계방식과 시민주도의 'Bottom-up' 설계방식 사이의 중간위상에서 복합적으로 운용되는 일종의 'Middle Level' 설계방식의 거버넌스 구축방식을 지향한다"라고 명시하고 있다. 하지만 'Middle Level'이라는 개념 자체가 모호하다. 더욱이 가이드라인에 따르면 구성원의 출현(1단계)과 그룹의 형성(2단계)은 리더의 출현(3단계)을 위한 준비단계에 불과하다. 이러한 종단적(縱斷的) 설계에서의 시민의 참여는 자칫 핵심리더들이 모인 협의체의 형성(4단계)과 총괄기획자 출현(5단계)에 이어 최종단계인 문화도시센터(6단계)를 구성하기 위한 절차에 불과한 결과로 귀결될 개연성이 크다.

무엇보다 거의 대부분의 사업에서 참여의 유형이 능동적 참여로 분류되며, 설문조사 등 수동적 참여 유형을 일부 계획 중일 뿐 소극적 참여와 관련된 사업은 거의 찾아볼 수 없다는 점은 재검토되어야 한다. 물론 남원시의 경우 '1300년의 목소리'사업을 통해 남원시민 전체가 참여하고 의견을 제시하는 정책 마당을 지향하고 있다. 하지만 구체적인 실행방안 측면에서 그 구현 가능성에 의구심을 제기할 수밖에 없다. 설령 가능하더라도 만약 모든 시민이 오프라인에서 참여하는 형태를 염두에 둔 것이라면, 이러한 직접민주주의의 재소환이 현시대에도 바람직한 것인가에 대해서는 추가적인 논의가 필요하다.

부언하건대 적극적 참여만 가지고는 기존 거버넌스 체계에서 지적되고 있는 대표성 논란, 형식적 참여, 절차적 합리성 등의 문제점(추미경, 2019)을 해결하기는 여전히 어렵다. 집단 간 반목을 해소하고, 대표성 논란을 완화하는 방안으로서 참여 방안은 결국 소극적 참여를 이끌어내고 이를 반영하는 것이다.

문화도시의 빅데이터 거버넌스

문화도시 구축에 있어서 '소극적 참여'를 포함하는 거버넌스의 실효적인 도입 방안으로 빅데이터 거버넌스(big data governance)가 있다. 빅데이터 거버넌스는 소셜네트워크 서비스나 스마트 디바이스 그리고 사물인터넷(IoT)으로부터 발생하는 데이터 폭증에 대해 선제적이고 능동적으로 대응하는 방안이다(송경재 외, 2018). 정보화 사회는 데이터 기반 사회로의 이행을 의미하며 결국 데이터에 기반한 의사결정 문화가 확산될 수밖에 없다(정용찬·한은영, 2014). 따라서 빅데이터 거버넌스는 향후 필연적으로 확대될 것이며, 이때 거버넌스 성공의 요체는 소극적 참여에 있다.

빅데이터 거버넌스라는 용어 자체는 아직까지 학술적으로 정립된 정의를 가진 개념은 아니다. 하지만 빅데이터가 분석기술의 발달과 서비스의 확장으로 인해 생산·유통·활용 등 전 영역에 걸쳐 그 활용 가능성을 발전시키고 있음은 의심의 여지가 없다. 이와 관련하여 많은 연구자들이 이용자가 커뮤니케이션 플랫폼에 접속할 때 생산되는 다양한 비정형 데이터가 새로운 잉여가치로 창출되는 과정에 주목하고 있다. 가령 테라노바(Terranova, 2000)는 트위터, 페이스북 등의 소셜 네트워크를 웹 2.0 시대의 '사회적 공장(social factory)'이라고 명명하기도 했다(조화순·조은일, 2015). 세계경제포럼(WEF, 2012) 역시 빅데이터의 이슈화 및 성장요인으로 클라우드 서비스와 함께 스마트폰 등 모바일기기의 보급 확대와 소셜미디어 활용의 일상화를 꼽고 있다(유지연, 2012).

빅데이터 거버넌스는 e-거버넌스(electronic governance)의 연장선 혹은 발전된 형태로 볼 수 있다. 일반적으로 e-거버넌스란 정부의 일방적인 정책결정과 문제해결 행태를 탈피하여, 정보통신기술을 활용하여 다양한 행위자들(정부, 시장, 시민사회 등)이 상호협력적 네트워크를 통해 공동의 문제를 해결하기 위하여 협력·조정하는 국정운영 방식을 의미한다(유재미·오철호, 2015). 정보화 사회를 맞아 등장한 e-거버넌스는 시민의 효능감, 정책의 효율성 및 민주성 등을 강화한다는 측면에서 주목받았다. 하지만 참여·개방·공유를 핵심가치로 하며 다양한 플랫폼이 구축되는 '웹 2.0시대'에는 정부와 시민 간의 접점 및 커뮤니케이션의 상호작용성이 강화된다. 여기에 데이터양이 폭증하고 통찰력과 식견을 보유한 시민(insightful citizen)들의 직접적인 요구가 증가한다. 빅데이터 거버넌스는 이러한 사회변화에 대한 대응에서 비롯된 개념이다.

기존 e-거버넌스와 차별화되는 빅데이터 거버넌스의 가장 큰 특징으로는 예측형 정책을 선제적으로 제시할 수 있다는 점과 보다 객관적인 근거 제시를 통해 시민권이 더욱 강화될(empowerment) 수 있다는 점을 들 수 있다. 그러나 필자가 보다 주목하고자 하는 빅데이터 거버넌스의 특징은 시민참여의 다양성 확대에 있다. 즉 소셜미디어나 인터넷상에 기록된 의견이나 흔적을 데이터마이닝(Data Mining)하면

보다 다양한 계층의 의견에 대한 보다 폭넓은 분석이 가능하다. 이는 적극적 참여와 수동적 참여에 의해 독점되었던 기존 거버넌스 체계에서 한 걸음 더 나아가 그동안 소외되었던 소극적 참여를 배려하는 방안이다. 실질적으로 대다수를 차지하는 소수의 다양한 의견들을 거버넌스 체계에 편입시키는 방안이 될 수 있는 것이다.

예비문화도시들이 제시한 거버넌스 모델은 주로 정부(지방 및 중앙정부), 문화도시 관련 기관(문화도시 추진위원회 또는 사업단 등), 일부 시민이나 특정 문화세력으로 구성된 민간단체 등 세 섹터에 의해 의사결정이 이루어진다. 하지만 빅데이터 거버넌스 모델의 의사결정구조는 기존 세 섹터에 빅데이터 플랫폼을 통해 수집된 의견이 추가된다. 여기서 빅데이터 플랫폼은 소셜미디어나 인터넷상에 소극적 또는 은둔형 시민에 의해 게시된 의견 또는 사물인터넷에 의해 생산되는 시민의 행적을 상시적으로 수집·분석하는 역할을 담당한다. 이때 철저한 익명성 보장 및 프라이버시 보호를 전제로 함은 물론이다.

빅데이터 플랫폼에서 수집·분석된 의견은 광범위한 소극적 참여를 포함한 것으로서 의사결정에 직간접적인 영향력을 행사하게 된다. 또한 지방(중앙)정부, 문화도시 관련 기관, 시민단체 또는 시민 대표 등이 빅데이터 플랫폼으로부터 각각 자신들의 주장을 입증할 수 있는 객관적 데이터를 추출하여 활용할 수도 있다. 이는 집단이기주의를 견제하고 탈피하여 보다 공정하고 객관적인 협치에 의한 의사결정 체계를 구축하는 방안이기도 하다.

문화도시의 빅데이터 거버넌스 생태계

문화도시의 빅데이터 거버넌스 구축을 위해 산업적 관점 즉 생산·유통·활용·관리 등으로 구성된 생태계(Big Data Eco-system) 측면에서

살펴보면 다음과 같다.[14)]

첫째, 생산 단계이다. 2011년에 전 세계에서 새롭게 생성되거나 복제된 정보량이 1.8제타바이트(Zettabyte, ZB)를 넘어선 이래, 전 세계의 디지털 정보량은 약 2년마다 2배로 증가하는 추세이다(Mckinsey Global Institute, 2011). 하지만 엄청난 데이터의 양적 증가에도 불구하고 공공 또는 민간영역이 아닌 개인 영역에 주로 속하는 문화 혹은 문화도시 관련 데이터의 경우는 좀 사정이 다르다. 유의미한 인사이트를 도출할 정도로 충분한 양이 생산될지는 예측하기 쉽지 않은 것이다. 협의의 문화 즉 예술 분야와 관련된 데이터가 전체 데이터에서 차지하는 비중은 더욱 작다. 또한, 인구 규모가 작은 기초지자체의 경우는 더욱 그러하다.

따라서 빅데이터 거버넌스 체계의 구축을 위해서는 충분한 데이터 원의 확보가 우선 필요하다. 이를 위해서는 데이터의 생성을 촉진·장려하는 제도적 장치가 만들어져야 한다. 이와 관련하여 세계경제포럼(2012)은 보고서 '빅데이터 영향: 국제 개발을 위한 새로운 가능성(Big Data, Big Impact: New Possibilities for International Development)'에서 데이터 생태계의 공공자원 활용을 위한 요건들로 프라이버시와 보안, 데이터 개인화, 인적 자본 확보와 더불어 '데이터 공유에 대한 보상'을 제시한 바 있다(유지연, 2012). 즉 프라이버시 및 보안 문제로 인해 자신의 정보 공유를 꺼려 하는 개인들에게 데이터 공유에 다른 위험 이상의 이익과 보상을 제공하는 것이다. 물론 블록체인(Block Chain)이 상용화될 경우 보안에 대한 두려움은 거의 해결될 것으로 예측되지만,

---

14) 빅데이터 산업은 부가가치 창출을 위해 빅데이터의 생산·유통·활용·관리 등과 이와 관련된 서비스를 제공하는 산업으로 정의할 수 있다(정용찬·한은영, 2014).

4차산업시대, 예술의 길

그 전에라도 혁신을 제약하지 않으면서 최종이용자를 보호할 수 있는 균형적인 법률 제정(WEF, 2012)과 더불어 이러한 촉진책을 마련하는 것이 문화도시의 발전된 거버넌스를 앞당기는 방안이 될 수 있다.

아울러 각 문화도시는 데이터의 생산 촉진을 위해 다양한 주제별·단체별·프로젝트별 어플리케이션과 IoT를 민간 차원에서 제작·보급하는 것을 유도하고 지원할 필요가 있다.

둘째, 유통·활용·관리 측면에서는 빅데이터 거버넌스에 특화된 공공 플랫폼(platform)이 구축되어야 한다. 소극적 참여를 주요 대상으로 하는 빅데이터 거버넌스의 특성상 영리를 목적으로 하는 민간 빅데이터 기업의 참여를 기대하기는 어렵다. 따라서 지자체 주도의 공공 플랫폼이 문화도시마다 만들어져야 하며 중앙정부 차원에서는 문화도시들을 통합하는 플랫폼의 건설이 필요하다. 빅데이터 거버넌스 공공 플랫폼에서는 개인(소극적 참여자) 보다는 개인들의 데이터를 수집하는 각종 앱(application)들이 주요 참여자가 된다. 이때 플랫폼은 앱들의 상호작용을 촉진할 뿐 아니라 데이터의 가공 및 분석을 수행하는 기능을 담당한다.

문화적인 방법으로 만드는 문화도시

문화체육관광부가 2018년부터 추진 중인 문화도시 지정사업에서 추구하는 문화도시의 가장 핵심적 의제는 문화도시를 만들어가는 과정 자체가 문화가 되는 도시(추미경, 2019)라고 할 수 있다. 이러한 취지를 구현하는 방법으로 필자는 거버넌스의 구성요소 중 참여에 주목하고 능동적 참여와 수동적 참여 등 기존의 참여방식에서 한 걸음 더 나아가 '소극적 참여'를 포용하는 방안인 빅데이터 거버넌스의 도입 방안을 제안하였다.

우리는 이미 많은 상품과 서비스에서 빅데이터를 통한 '소극적 참여'를 경험하고 있다. 가령 기업들은 방문자의 검색이나 클릭한 링크에 의해 맞춤형 정보나 추천서비스를 제공한다. 이때 소비자의 입장에서 볼 때는 의도하든 안하든 간에 이미 기업의 상품이나 서비스의 방향을 정하는 데 일정부분 기여하는 참여주체가 된다. 빅데이터 거버넌스는 이러한 소극적 참여주체를 문화 거버넌스에 있어서 보다 적극적으로 고려하자는 것이다. 소극적 참여는 정부(지자체), 공공(추진기관), 시민단체에 이어 제4의 섹터로서 기능하며, 경우에 따라 중재자의 역할을 기대할 수도 있다.

물론 소극적 참여주체인 대다수의 일반 시민이 이른바 식견 있는 시민(informed citizen) 혹은 통찰력 있는 시민(insightful citizen)인지에 대한 회의가 있을 수 있다. 따라서 그들의 참여의견을 전문가집단이나 시민단체 등과 대등한 위치에서 고려해야 하는지에 대해서는 좀 더 고민이 필요하다. 자칫 포퓰리즘(populism)에 치우칠 우려를 해소할 방안과 함께 네트워크상의 자아가 과연 진정한 자아인지에 대한 논의도 병행되어야 한다. 다른 한편으로 개인정보보호라는 심리적인 장벽 제거도 빅데이터 거버넌스의 구현을 위해 선행되어야 하지만 이는 블록체인 기술의 발전으로 곧 해결될 것으로 보인다.

그러나 이러한 제한점에도 불구하고 진정으로 다수의 시민이 참여함으로써 그들의 삶을 변화시키는 장소로서의 문화도시를 건설하기 위해 소극적 참여를 고려하는 빅데이터 플랫폼의 구축을 통한 거버넌스 체계의 구축은 반드시 문화도시 추진의 핵심사업 중 하나로 편입될 필요가 있다. 아울러 빅데이터 거버넌스에 대한 지자체와 시민의 인식 제고와 함께 이를 시행하기 위한 예산의 확충이 이루어져야 한다.

스마트도시에
예술을 입히자

＊

　도시가 갈수록 커지고 혼잡해지고 있다. UN의 발표에 의하면 2050년경 전 세계 도시인구는 약 60억 명에 이를 전망이다. 지금부터 약 30년 후, 지구에 살게 될 인류를 90억 명 정도로 예상한다면 열 중 여섯 이상은 도시인이 된다는 의미다. 도시에 사는 것 자체야 사람에 따라 선호가 갈리겠지만 밀집도가 지금보다도 훨씬 높아질 거라는 걱정이 앞선다. 도시의 경계가 아무리 확장된다 해도 그 면적은 전체 지구의 2%에 불과할 것으로 보이기 때문이다.

　아시아와 아프리카의 미개발지역 일부까지 도시로 편입되리라는 예상을 감안해도 기존 도시 거주 인구를 비롯한 대다수의 인류는 지금보다 훨씬 더 과밀한 환경 속에 살게 될 것이다. 그뿐이 아니다. 전 세계 탄소 배출량의 80%가 도시에서 발생할 거라는 예측도 나온다. 생각만으로도 코가 맥맥해지고 숨이 막혀온다. 이쯤 되면 전지구의 생산성에서 도시가 차지하는 비중이 60%에 이를 것이라는 UN의 예측은 더 이상 반색할 일이 아니게 된다. 그만큼 물류가 늘어나고 유동인구가 많아져 교통 정체 등 각종 부작용이 더욱 심각해질 것이기 때문이다. 환경오염은 물론 자원 소비를 비롯한 각종 사회적 불평등의 골이 깊어지고, 개별화되고 파편화된 개인들은 거대한 도시를 배회할 것이다.

도시문제의 대안, 스마트도시

최근 전 세계적으로 4차산업혁명의 물결과 함께 이러한 도시문제에 대한 대안으로 '스마트도시(Smart City)'가 급부상 중이다. 에코지능도시, 저비용고효율 IoT 도시, 시민센서드(citizen sensored) 도시, 빅데이터의 도시 등은 모두 스마트도시의 다른 이름들이다.

대부분 도시에 ICT기술을 접목하여 도시 관리의 효율화를 꾀함으로써 시민 삶의 질을 올려보자는 취지이다. 하지만 양태는 저마다 조금씩 다르게 나타난다. 최근 한 연구기관이 세계 32개국 53개 도시를 대상으로 스마트도시 조성 목적에 대한 설문조사를 실시했다. 탄소배출 저감 등 에너지 효율화(36%), 고용 창출 및 경제발전을 위한 신도시 개발(19%), 정보통신기술을 고도화하는 등의 혁신 기술 개발(17%), 공공 데이터의 구축을 통한 데이터 개방(13%), 지능화 시설에 의한 통합적 도시 관리(8%) 등 다양하게 나타났다. 그러니까 스마트도시는 도시문제의 효율적 해결방안이자 4차산업혁명에 대한 선제적 대응인 동시에 신성장 동력의 창출이라는 보다 적극적 의미의 미래전략인 셈이다.

세계 각국은 경쟁적으로 스마트도시 건설에 박차를 가하고 있다. 2025년까지 전 세계 스마트도시 시장의 규모는 1조 달러 규모에 달할 것으로 예상되고 있다(Frost & Sulivan). 이미 유럽에서는 영국의 캠브리지, 스페인의 바르셀로나와 산텐데르, 네델란드의 암스테르담, 덴마크의 코펜하겐 등 200여 개 이상의 스마트도시 건설이 진행 중인 것으로 알려졌다. 이밖에도 싱가포르, 아부다비의 마스다르, 토론토 등 전 세계 지역에서 개념과 추구하는 목적은 저마다 다르지만 스마트도시 건설은 이미 본격화되고 있다.

경제학자 리처드 볼드윈(Richard Baldwin)은 20세기에 공장이 하던 역할을 21세기에는 도시가 수행하게 될 것이라고 예측했다. 도시가 지식정보의 플랫폼이 된다는 의미다. 4차산업혁명의 범용기술(General Purpose Technology)[15]들을 구현하는 자율주행자동차, 드론, 사물인터넷 등의 플랫폼 역시 도시에 집중될 수밖에 없다. 말하자면 스마트도시는 4차산업혁명 기술에서 파생한 신산업의 플랫폼인 것이다.

우리 정부도 대통령 직속 4차산업혁명위원회 산하에 스마트시티(Smart City) 특별위원회를 둔 데 이어, 2019년 초에는 향후 5년간 스마트시티 조성과 확산계획을 골자로 하는 스마트도시 추진 전략을 발표했다. 법률로 규정한 스마트도시협회가 결성되고 스마트시티법을 개정하는 한편 '국가스마트도시위원회'가 구성되었다. 국제적으로는 쿠웨이트, 볼리비아 등과 스마트도시 사업을 추진 중이며, UN Habitat, World Bank 등 국제기구와 공동으로 협력사업을 진행한다고 발표하기도 했다. 국내 사업으로는 세종과 부산을 시범도시로 선정하고 스마트도시의 실제 구현을 위한 청사진을 제시하고 있다.

그런데 스마트도시는 대다수 4차산업혁명의 기술들과 마찬가지로 새로운 개념이라기보다는 기존의 것을 확대 발전시킨 것이라고 보는 편이 맞을 것 같다. 이미 우리나라는 2003년부터 유비쿼터스 시티(Ubiquitous City)라는 우리만의 브랜드를 만들고 유시티(U-City) 법도

---

15) 경제사학자인 개빈 라이트(Gavin Wright)는 범용기술을 많은 경제분야에서 중요한 충격을 미칠 수 있는 잠재력을 지닌 심오한 아이디어나 기술로 정의했다. 여기서 '충격'은 생산성을 크게 향상시킴으로써 생산량을 대폭적으로 늘린다는 의미이다(Erik Brynyolfsson & Andrew McAfee, 2014).

제정한 바 있다. 교통, 방범, 환경, 에너지, 행정, 의료 등 11개 분야 총 228종의 이른바 '유시티서비스'를 정의하고 이를 주로 기존 도시가 아닌 신도시에 접목하려 했다. 현재도 경기도 16개 도시를 비롯해 전국적으로 73곳에서 유시티와 관련된 사업을 추진 중이다.

스마트도시 성공법

스마트도시가 성공하려면 이 유시티를 반면교사로 삼아야 한다는 목소리가 높다. 유시티의 가장 큰 문제 즉, 유시티를 체감하거나 인지하고 있는 사람들이 그리 많지 않다는 정책 실행 상의 오류를 스마트도시에서는 재현하지 않아야 한다는 것이다. 많은 전문가들은 유시티를 시민들이 외면하는 이유로 수혜자인 시민들로 하여금 체감할 수 있도록 하는 장치가 부족했다는 점을 꼽는다. 혜택을 받는 시민들이 공감하지 못하는 정책이나 사업은 공염불에 불과하다. 결국 스마트도시 성공의 요체는 사람들이 새로운 기술과 서비스가 생활에서 어떻게 구현되고 자신의 삶을 어떻게 바꾸는지 구체적으로 체감할 수 있어야 한다는 데 있다(장석영, 2018). 그렇다면 어떻게 시민들이 체감하게 할 것인가.

지난 1월 발표된 우리 정부의 스마트시티 추진전략은 스마트도시가 만들어지면 일어나게 될 혁신적 변화로 7가지를 열거하고 있다. 혁신성장 동력 육성 도시, 효율·서비스 중심 체감형 도시, 공간·기술·주제별 맞춤형 도시, 플랫폼으로서 지속가능한 도시, 수요자·민간 참여의 열린 도시, 정책·사업·기술 융합·연계형 도시, 그리고 미래가치 지향의 사람 중심 도시가 그것이다.

무엇 하나 빼놓을 수 없는 바람직한 변화이자 방향성일 것이다. 하지만 우리는 이미 도시화가 가져다주는 편의가 반드시 우리의 행복을 담보하지 않음을 경험으로 알고 있다. 오히려 도시화가 가져다주는 편리에서 오는 소소한 감동은 머지않아 더 큰 소외감에 가려지기 일쑤였다.

최초의 도시는 예리코(Jericho)로 알려져 있다. 성경에 여리고라는 이름으로 등장하는 요르단 강 서안의 이 고도(古都)는 기원전 9000년경부터 존재했다고 전해진다. 그런데 성경에 따르면 단단히 요새로 무장하고 있던 이 도시는 어느 날 갑자기 무너져 내리고 말았다. 지진에 의해 파괴되었다는 설도 있지만, 도시에 대한 인간의 피로도를 드러내는 상징적 사건으로도 해석된다.

르네상스 시기에 융성했던 피렌체를 비롯해 산업혁명기에 번성하기 시작한 런던, 파리, 뉴욕 그리고 20세기에 융성했던 공업도시 디트로이트 등 도시들 역시 사람들이 느끼는 피로도를 줄여주지 못했다. 현재 진행 중인 초연결, 초지능, 초자동화 등의 미래지향적 단어들과 접목된 스마트도시를 접하면서도 사람들의 마음은 희망으로만 부풀지 않는다. 마음 한구석 어딘가가 꺼림직하고 휑뎅그렁하다. 편의를 가리는 소외의 경험들을 떠올리게 되기 때문이다. 메를로-퐁티(Maurice Merleau-Ponty)는 자신의 마지막 저작인 〈눈과 정신〉에서 현대과학과 예술을 대립시키며 다음과 같이 갈파한다.

"과학은 사물들을 조작하며, 사물에 거주하기를 포기한다."

트랜스휴먼(Trans-humans)이나 사이보그(Cyborgs)[16] 혹은 유발 하라리(Yuval Noah Harari)의 '호모 사피엔스 종말론'[17] 까지 굳이 가지 않더라도 4차산업시대의 도시에서 인간소외 혹은 비인간화는 더욱 심화될 것으로 보인다. 적어도 대도시에 사는 개인들에게 전형적인 심리적 기반은 신경과민이다(Georg Simmel, 2005). 그럼에도 불구하고 우리가 원하든 원하지 않든 간에 4차산업혁명은 진행 중이며 교통과 에너지 문제 해결을 중심과제로 하는 스마트도시 또한 어떤 형태로든 속속 등장할 것으로 보인다. 그것도 기하급수적인 기술의 파열적 혁신(Distrutive Innovation)을 통해 감당할 수 없을 정도의 속도로 말이다.

두말할 것도 없이 무엇보다 강조되어야 할 스마트도시의 궁극적 가치는 교통과 에너지가 아닌 사람이 중심이 되는 도시다. 달리 말하면 4차산업혁명이 우리에게 가져다주는 피로도를 어떻게 완화할 수 있는가에 스마트도시 논의의 초점이 맞춰져야 한다. 그래야 사람들이 체감할 수 있고 스마트도시는 성공할 수 있다.

예술친화형 스마트도시

스마트도시는 도시재생형, 자연친화형, 문화친화형, 예술친화형 등으로 분류된다(이상호, 2018). '도시재생형'의 경우 기존 도시를 계승하면서 스마트기술을 입힌다고 해서 인간 소외 문제가 해결되지 않는다. 2054년까지 도시의 자급자족률을 50% 이상 끌어올리는 것을 목표로 하는 팹시티(Fab City)와 유사한 개념의 '자연친화형'은 현실화하

---

16) 도나 해러웨이(D. J. Haraway)는 20세기의 마지막 시점, 이 신화적 시대에 우리 모두는 기계와 유기체로 이루어진 카메라이고, 이론화된 잡종들이며 안드로이드, 사이보그라고 말한 바 있다(Haraway, 1991)

17) 유발 하라리는 저서 〈사피엔스〉에서 21세기에 호모 사피엔스는 자연 선택의 법칙을 깨고 지적설계의 법칙으로 대체하면서 스스로의 한계를 초월중이라고 주장하며 이를 '호모사피엔스의 종말'이라고 이름 붙였다(Yuval Noah Harari, 2015).

기 쉽지 않다. '문화친화형'에서 말하는 문화의 개념은 지나치게 포괄적이고 모호하다. 특히 스펙터클한 자극으로 포장된 문화로는 인간소외의 문제를 풀기 어렵다.

결국 도시화에 따른 인간소외와 피로를 해결 또는 완화하는 가장 효과적인 해법은 '예술친화형' 스마트도시에 있다. 아리스토텔레스는 이렇게 말했다.

"시는 역사보다 더 철학적이고 중요하다. 왜냐하면 시는 보편적인 것을 말하는 경향이 더 강하고, 역사는 개별적인 것을 말하기 때문이다."

창작품으로서의 예술은 보편적인 것의 소통이 가능하다는 뜻으로 해석된다. 따라서 개별화, 파편화된 개인의 소외야말로 유사성과 가능성의 원리를 통해(김용석, 2010) 보편성을 추구하는 시(예술)로 치유해야 하지 않을까?

그렇다면 예술친화형 도시는 어떤 모습일까. 가령 출퇴근 시간에 건축물에 설치된 미디어파사드를 통해 매일 바뀌는 예술작품을 감상하며 정서적 풍요를 만끽하는 시민들의 도시를 생각해 볼 수 있다. 최근 화제가 된 국내의 '목연리'와 같은 키네틱 아키텍처(Kinetic Archtecture, 움직이는 건축물)도 예술친화형 스마트도시의 중요한 구성요소가 될 전망이다. 또 자연을 예술로 승화시키는 IoT를 활용한 텔레프레즌스를 통해 시민들은 정서 안정을 경험하게 된다. 가령 전 세계의 날씨를 아름답게 형상화하는 미국 산호세 국제공항의 설치작품 이클라우드(eCLOUD)나 멀리 떨어진 호수 표면의 실시간 움직임을 예술로 표현하는 벨기에의 언더워터(Under Water) 같은 사물인터넷예술의 일상화도

스마트도시에서는 가능한 일이다.

그런가 하면 스마트도시는 놀이본능(Spieltrieb)이라는 용어로 조형예술의 기원을 설명하고자 했던 실러(Schiller)의 이론이 실제로 구현되는 곳이기도 하다. 시민들은 곳곳에 설치된 예술작품을 스마트폰 증강현실(AR)을 이용해 각자 나름의 예술을 즐길 수 있다. 때로 건물 사이 황량한 공간을 홀로그램 또는 가상현실(VR)을 활용한 예술작품으로 장식해 사람들의 헛헛한 마음을 위무하고 사위어가는 상상력에 활기를 불어넣기도 한다. 스마트도시는 이처럼 예술을 통해 볼터와 그루신(2006)의 이른바 '비매개에 대한 욕망(desire for immediacy)'[18]이 본격 구현되는 호모 루덴스(Homo Ludens)[19]들의 놀이터가 될 수 있다.

예술친화형 도시의 핵심 중 빼놓을 수 없는 또 하나는 '시민 참여 예술'이 일상화된 공간이다. 초개인화 시대를 맞아 이미 4차산업혁명 기술과 융합한 다양한 형태의 뉴미디어아트 혹은 4차산업혁명 예술은 관람객 참여를 적극적으로 이끌어내는 중이다. SNS 상에 나타난 시민들의 감정을 LED조명을 통해 다양한 색채로 표현하는 미국 미니애폴리스의 미미(MIMMI), 카메라에 포착된 시민의 얼굴에 나타난 감정 데이터를 이모티콘으로 보여주는 독일 베를린의 기분 좋은 가스탱크(Stimmungsgasometer) 같은 예술작품들이 거리마다 편재되어 있는 도시가 바로 예술친화형 스마트도시가 아닐까. 일상에서 관계성과 공동

---

18) 매체가 발전할수록 매체의 흔적을 없애려는 노력 즉 투명성을 확대하려는 노력 또한 증가하는데 볼터와 그루신은 이를 '비매개에 대한 욕망'으로 규정했다(Bolter & Grusin, 2006: 3). 한편 재매개란 한 미디어를 다른 미디어에서 표상하는 것을 의미한다. 즉 기존 미디어의 진정성을 파괴하지 않고 단지 다른 형식의 미디어로 변형시키는 것이다(이보아, 2018, 재인용).
19) 네델란드의 역사학자 요한 하위징아(Johan Huizinga, 1872~1945)는 『호모 루덴스』에서 인간을 호모 루덴스 즉 '놀이하는 인간'으로 규정했다.

체문화를 체험하도록 하는 예술을 만끽할 수 있는 도시 말이다.

한 조사에 따르면 우리나라의 4차산업혁명 준비도가 43개국 중 25위에 불과하다고 한다. 그러나 실망할 일은 아니다. 스마트도시는 더욱 그렇다. 세계 각국의 스마트도시들은 대부분 인구과밀에 따른 교통과 에너지문제 해결 또는 4차산업혁명 기술의 플랫폼화를 통한 도시의 효율화에만 몰두해 있기 때문이다. 그런데 노동시간이 줄고 자유시간이 늘어나는 효율적 도시를 살아가는 사람들의 자존감과 공동체성을 염두에 둔 미래상에 대해서는 논의가 거의 이루어 지고 있지 않다. 이는 곧 우리에게 우리만의 스마트도시 브랜드를 만들 수 있는 기회임을 의미한다.

기술의 통제 수단으로서의 예술

루이스 멈포드(Lewis Mumford)는 기술의 비약적 발전을 추동력으로 하는 시대야말로 오히려 기술의 신화에서 벗어나 기술에 대한 민주주의를 논의하고 기술을 민주주의적으로 통제해야 할 때라고 하였다. 그 통제수단은 다름 아닌 예술이다. 차가운 기술에 의한 똑똑한 도시를 넘어 인간 중심의 따뜻한 스마트도시를 건설하는 길 또한 '예술'에 있다. 세계적인 연극연출가 로베르 르빠주(Robert Lepage)는 국내의 한 언론과의 인터뷰에서 이렇게 말했다.

"예술가는 인간의 존재를 이해하기 위해 필사적으로 노력한다(중앙 SUNDAY, 2018)."

인간 존재에 대한 이해는 곧 인간다움을 실현하는 전제이며, 그것은 예술가의 손에 의해 이루어진다.

"자연과 더불어 예술은 육체적 삶에 해독제가 되고, 예술활동은 모
든 사람에게 치유제가 된다."

저명한 예술사학자이자 사회 비평가인 존 러스킨(John Ruskin)의 말
처럼 스마트도시는 효율과 편리 그 이상으로 해독제와 치유제가 반드
시 필요하다. 이번 기회에 예술을 중심으로 한 문화영향평가가 적용된
우리만의 스마트도시를 만들어 보는 것도 고려해 봄 직하다. 예술을
통해 인간을 이해하고 치유하는 스마트도시가 만들어지길 기대한다.

4차산업시대,
예술의 길

4차산업혁명 기술로
꽃피우는 지역예술

장예모 감독의 〈대화·우화 2047〉 시리즈를 중심으로

도시화와 지역문화

도시화의 가속현상은 한편으로 지역문화의 중요성을 일깨우는 계기가 되었다. 1970년대 말부터 유럽과 미국의 많은 지역에서 도시재생 프로젝트를 성공시키는 사례들이 나오기 시작했다. 문화를 활용해서 버려지거나 공동화(空洞化)된 산업시설을 재생하는 전략이다. 1980년대 서유럽에 등장한 '경제 및 입지요소로서의 문화(Wirtschafts-und Standortsfaktor Kultur)' 개념도 같은 맥락이다. 도시의 개념을 문화예술과 산업경제를 잇는 매개체로 정립한 플로리다(R. Flprida, 2002)의 창조계급론과 제이콥스(Jane Jacobs), 랜들리(Charles Landry) 등의 창조도시론 역시 거대도시가 아닌 볼로냐, 피렌체와 같은 지역의 도시에 방점을 둔다. 여기에 9.11테러로 인한 세계도시 뉴욕에 대한 실망감과 한때 세계 최고의 도시를 꿈꾸던 도쿄의 부진도(사사키, 2009) 지역문화로 눈을 돌리게 했다.

국내의 경우도 2014년 지역문화진흥법이 제정되면서 지역문화에 대한 사회적·정책적 관심이 더욱 확대되고 있다. 특히 지역분권 정책과 맞물리면서 지역문화 진흥을 위한 다양한 접근이 이루어지는 중이다.

그러나 다시 한번 생각해보자. 지역문화 진흥을 위한 지자체 또는 중앙정부 차원의 노력들이 과연 얼마나 지역의 고유한 특성을 살리는 데 초점이 맞춰져 있는가? 사실 지역으로서는 문화를 활용해 관광객을 끌어들이며 자생력을 확보하는 동시에 지역민의 긍지와 애착을 이끌어낸다는 게 생각만큼 쉽지 않아 보인다. 무엇보다 지역문화의 진흥은 다른 지역과의 차별화를 전제로 하기 때문이다.

앙리 르페브르(Henry Lefevere)는 현대 사회의 공간이 점차로 '동질화'되고 있다고 분석했다. 그의 분석은 아쉽게도 비단 공간뿐 아니라 문화에도 그대로 적용될 수 있을지도 모른다. 인터넷의 발달은 많은 유익에도 불구하고 지역의 개성 살리기를 더욱 어렵게 만들고 있다. 지자체의 경쟁적이고 무조건적인 벤치마킹 경향 또한 지역문화의 정체성을 제대로 드러내지 못하게 하는 원인이 된다. 2018년부터 중앙정부가 중심이 되어 추진하는 '문화도시 지정사업'은 어떤가? 지역 기반의 실제적인 문화력이 높아지는 동시에 깊어지리라는 기대(조광호, 2015)와는 달리 자칫 유형화된 '복제판' 지역도시들을 양산할 가능성을 배제하기 어렵다.

이러한 몰개성화의 조류 속에서 지역이 각각의 특성을 살려 문화를 진흥하는 데 열정과 노력을 쏟을 대상이라면 아무래도 각 지역의 전통예술이라는 데 이견이 없을 것이다. 전통예술이야말로 시대적 요구에 적합한 창조적 계승을 통해 지역의 특성을 가장 강하게 드러낼 수 있는 요소이다. 물론 지역은 저마다의 고유한 전통문화를 보유하고 있다. 그런데 문제는 전통예술을 창조적으로 계승하기 위한 방법론이다.

〈인상〉 시리즈로 유명한 중국의 장예모(張藝謀) 감독이 최근 다시 한번 세계적인 조명을 받고 있다. 3년 전부터 〈대화·우화 2047 (Dialogue Fable 2047)〉 시리즈를 기획하여 무대에 올리고 있기 때문이다. 2017년에 첫선을 보인 '시즌 I'이 관객의 많은 관심과 찬사를 불러일으켰다. 2018년과 2019년에 이어진 '시즌 II'와 '시즌 III'에 대한 관심 역시 갈수록 뜨거워지고 있다.

〈대화·우화 2047〉 시리즈 공연의 성공 요인은 바라보는 시각에 따라 다양한 요소로 분석될 수 있을 것이다. 하지만 이 글에서는 드론, 홀로그램, 로봇 등 4차산업혁명 기술과의 융합으로 지역의 문화를 새롭게 해석하는 데 초점을 맞춰보고자 한다. 〈대화·우화 2047〉은 자칫 고루할 수 있는 중국 소수민족들의 전통문화에 첨단기술을 접목함으로써 새로운 숨결을 불어넣은 전범을 보여주었다는 점에서 성공적이다.

콘셉트 공연 〈대화·우화 2047〉

콘셉트 공연(Concept Theater Show)은 최근 장예모 감독이 소극장 연극, 패션쇼, 발레극, 할리우드 블록버스터와 전통 오페라 등 다양한 장르에서 시도해오고 있는 개념이다. 장예모 감독 자신이 콘셉추얼 아트(Conceptual Art) 개념을 차용해서 이름 붙였다. 콘셉트 공연은 일반적인 공연 형식에서 벗어나 연출자의 아이디어에 의한 자유로운 형식의 공연을 지향한다. 무대, 배우, 관객 등의 일반적인 프레임이 없고, 시작과 결말이 있는 정형화된 스토리 구조 또한 없다. 이 때문에 콘셉트 공연에서는 연출자의 생각에 따라 사람뿐 아니라 사진, 영상, 기계, 기술 등 모든 것이 무대의 주인공이 될 수 있다.

〈대화·우화 2047〉 역시 이 '콘셉트 공연'을 표방한다. 따라서 〈대화·우화 2047〉은 특별한 무대 세트 없이 음악, 사람, 기술의 조화만으로 완성된 프로그램을 추구한다. 완결된 이야기도 없다. 대신 다양한 요소들을 통해 '인간과 과학기술의 관계가 어디로 갈 것인가'를 주제로 하여 인간의 본질과 기술 간의 대화를 시도한다. 그리고 그 대화의 대부분은 인간이 만든 전통문화와 기술 사이에서 일어난다. 장예모 감독은 왕가위 감독의 미래를 소재로 한 영화 〈2046〉에서 공연의 제목을 따왔다고 밝히고 있다. 그러니까 2047은 영화의 배경인 2046

년보다 1년 후의 모습을 의미한다.

상하이의 자동차 브랜드 'BUICK'이 제작을 맡은 〈대화·우화 2047〉은 공연 전부터 화제를 뿌렸다. 장예모 감독이 상연 전, 〈인상〉 시리즈로 대표되는 자신의 작품세계를 완전히 탈피한 작품이라고 여러 번 강조했을 뿐 아니라 무엇보다 과학기술과의 융합공연을 공언했기 때문이다. 공연 후 반응도 기대 이상인 것으로 평가된다. 중국 현지의 한 매체는 과학기술의 발전 단계에 따른 인간 감정의 변화를 보여주는 상징적 묘사에 높은 점수를 주며 다음과 같이 평했다.

"가장 장예모스럽지 않지만 돌이켜보면 장예모스러운 공연으로 과학기술로 인해 겪게 되는 사람들의 곤혹, 우려, 통제불가 등의 현상을 상징적으로 보여줘 관객의 심금을 울렸다."

〈대화·우화 2047〉은 이러한 호평에 힘입어 상연 첫해에 상해(上海), 항주(杭州), 광주(廣州) 등에서 순회공연을 펼친 데 이어 2019년 9월까지 3년간 연속해서 무대에 올려지고 있다.

***

〈대화·예언 2047〉의 '시즌 I'은 2017년 6월 16일 중국 북경의 국가대극원(国家大劇院)에서 첫선을 보였다. 공연은 기술의 발전과정과 이에 따른 인간의 감정 변화를 묘사한다. 기술의 발전과정은 각성, 통제, 잠식, 조종, 금고, 괴멸, 부활 등으로 나뉘어 표현된다. 독일의 레이저, 스위스의 드론, 영국의 Musion 3D 홀로그램 등 세계에서 내노라하는 기술팀들이 참여했다. 이에 대응한 인간의 감정은 무시, 놀람,

수용, 마비, 탈출, 반항, 재생 등으로 표출된다. 이러한 기술과 인간 감정의 변화들이 몽골족(蒙古族)의 민요인 후마이(Khoomei), 구친(古琴) 연주, 경극, 산시(陝西)성의 완완극(碗碗腔), 천주 인형극 등 7개의 소수민족 문화와 씨줄과 날줄처럼 엮여 묘사된다. 〈대화·예언 2047〉 '시즌 I'의 프로그램을 좀 더 자세히 살펴보자.

  첫 번째 무대는 〈장조(長調)와 후마이(呼麥, Khoomei)〉[20]. 마두금(馬頭琴)[1]으로 연주하는 몽골족(蒙古族)의 장조에 따라 무대의 색채는 물론 출연자의 자세와 방향이 끊임없이 변화한다. 미국 출신의 키네틱(Kinetic) 설치예술가 다니엘 위첼(Daniel Wurtzel)과 콜라보레이션한 이 무대는 인간이 처음 기술을 접했을 때의 경이와 무지를 동시에 표현한다.

  두 번째 〈구친(古琴)·광검〉은 현대무용과 레이저 기술이 결합한 무대이다. 유네스코 인류무형문화유산으로 등재되기도 한 중국의 대표적 민속악기 구친[2]의 음악이 배경에 깔린다. 무대조명이 밝혀지자 독일의 보카텍(Bocatec)사가 제작한 레이저로 만들어진 감옥이 무대에 등장한다. 부드러움과 맹렬함이 교차하는 구친의 선율에 맞춘 무용수의 춤사위는 과학기술의 통제에 따른 몸부림, 방황, 탈출, 굴복 등의

---

20) 후맥(呼麥)은 몽골족 민속음악에 사용되는 특유의 발성법이다.
1) 몽골의 찰현악기, 구금을 지칭하는 명칭으로, 중동의 코비즈와 유사하다. '모린 후르(morin khuur)' 또는 '모리니 톨고이 후르(moriny tolgoit khuur)'라고도 부르는데 '말 머리를 한 현악기'라는 의미를 가진다. 목의 끝인 머리 부분에 동물이나 새의 머리 형상을 조각한 장식이 특징적이다(네이버 지식백과).
2) 7개의 줄로 되있는 치터(zither, 줄을 뜯어 음을 내는 현악기)형 악기로 약 3,000년의 역사를 가지고 있는 중국에서 가장 오래된 현악기이다. 중국 음악의 진수라고도 불리며, 중국어로 구(古)는 '오래된'이라는 의미이고, 친(琴)은 악기라는 뜻을 가지고 있다. 과거에는 친으로 불려졌지만 다양한 악기들이 생겨나면서 분별이 어려워져 오늘날 구친으로 불리우게 되었다. 칠현금이라고도 한다(네이버지식백과).

인간 심리를 묘사한다.

중국 고유의 경극(京劇)으로 시작하는 세 번째 프로그램 〈경극·손아귀〉에서는 무대 위의 출연자가 아이패드(iPad)를 들고 돌아다닌다. 아이패드에는 냉담한 표정의 얼굴이 디스플레이되면서 과학기술에 잠식당한 인간의 심리가 그대로 드러난다. 기술 발전에 따라 스마트폰에 몰입되면서 인간 사이의 거리가 멀어지는 실태를 고발한다는 의도이다.

이어지는 네 번째 프로그램 〈경극·기계 팔〉은 로봇이 조종하는 망석중과 경극을 결합한 무대이다. 인류가 과학기술에 투쟁하는 상황을 몸통을 높이 세우고 팔과 다리를 꿰어 아래에서 줄을 당겨 움직이는 인형의 일종인 망석중(네이버 지식백과)을 통해 표현한다. 미국의 로봇팔 퍼포먼스 팀인 앤디로봇(AndyRobot), 스웨덴 출신의 현대무용가 토미 프라젠(Tommy Franzen) 등이 중국의 망석중 조종팀과 협업했다.

다섯 번째 〈완완창·주슈〉는 영국 기술진의 Musion 3D 홀로그램, 중국 산시(陝西)성 지방의 전통극인 완완창(碗碗腔), 그리고 현대무용이 융합을 시도하는 무대이다. 눈앞에 펼쳐지는 기술을 어떻게 받아들일지 진지하게 고민하기 시작하는 인간 군상을 묘사한다.

곧이어 등장하는 여섯 번째 프로그램은 〈수오나·물감〉이다. 중국의 민간예술단 '수오나'와 영국의 현대무용단 CPG-Concept가 콜라보레이션 했다. 자기의 본성을 찾는 동시에 기술의 진화에서 발생하는 어려움에서 벗어나고 싶어하는 인간의 모습을 표현한다.

일곱 번째 프로그램인 〈생·그림자〉에서는 중국의 전통악기 생(笙)과 스위스 베러티 스튜디오(Verity Studios)의 드론기술이 융합을 시도한다. 드론은 생을 통해 연주되는 음악에 맞춰 춤추는 나비가 된다. 전통음악과 첨단기술이 융합되는 가운데 인간은 점차 기술에 대한 거부

감을 거두어들인다.

마지막 프로그램 〈베틀·요정〉에서는 전통기구인 베틀과 다이내믹 LED 라이트의 융합을 볼 수 있다. 독일의 화이트보이드(WHITEvoid), 키네틱라이츠(KineticLights LED), 러시아의 라우가 디자인(Rauga Design) 애니메이션 인터랙티브 영상팀, 영국의 현대무용팀 등이 한데 어우러져 무대를 꾸민다. 한 여인이 베틀에 앉아 천을 짜고 있는 동안 다이내믹 LED 라이트가 베틀의 리듬에 맞춰 반짝이며 인간과 기술이 어우러지는 세상을 묘사한다.

***

이어서 〈대화·예언 2047〉 '시즌 II'의 무대를 살짝 들여다보자. 2018년 6월에 '시즌 I'과 같은 장소인 북경의 국가대극원에서 초연된 '시즌 II'는 7개의 프로그램으로 구성되었다. '시즌 I'과 달리 중국 기술팀이 합류했으며, 7개국에서 온 18개 팀과 개인이 참여했다.

'시즌 II'의 첫 번째 프로그램은 〈탁구·공(乒乓球)〉이다. 독일의 항공기술업체 에어스테이지(Air Stage)와 중국의 어린이 탁구팀이 함께 출연했다. 탁구경기를 하는 아이들과 탁구공을 소재로 하여 기술의 진보에 따라 갈팡질팡하는 미래 인류의 모습을 그렸다. 대강의 줄거리는 이렇다. 어두컴컴한 고요 속에서 부분조명이 탁구대를 비추자 두 아이가 탁구를 하고 있다. 탁구 치는 소리가 맑고 단조롭게 들려온다. 이어서 조명이 차례로 켜지면서 일렬로 늘어선 여러 대의 탁구대가 관객의 눈앞에 나타난다. 탁구공들이 탁탁거리면서 공중을 날아다니다가 땅에 떨어진다. 첫 번째 탁구대의 아이가 작은 프로펠러가 달린 탁구공을 줍자 공이 점점 커지기 시작한다. 이어서 커다란 흰 공들이 하나씩 날아오고, 그중 하나는 갑자기 탁구대를 벗어나 관객을 향해 날아간다. 이를 바라보는 아이들은 탁구공에 영혼을 빨려버린 듯 멍하니 제자리에 앉아 있을 뿐이다. 관객들은 멀리서 들려오는 탁구공 소리를 들으며 아이의 영혼이 탁구경기를 하고 있는 것인지 아니면 탁구공이 스스로 튕기고 있는 건지 혼란스러워진다.

〈신고·그림자(神鼓·影)〉는 '시즌 II'의 프로그램 중 가장 많은 요소를 포함하고 있다. 로봇팔의 그림자가 마치 인간이 조종하고 있는 것처럼 움직이고 여기에 현대무용의 동작이 곁들여진다. 로봇팔은 중국 선전에 위치한 기업인 도봇(DoBot)이 제작했다. 몽골족의 마두금(馬頭琴)과 후마이(呼麥), 우인신고(優人神鼓, U-theatre of Taiwan)[3]팀 등이 어우러져 도교의 세계관을 표현한다. 이를 배경으로 무용수와 로봇 팔의 스릴 넘치는 추격전이 펼쳐진다. 기술로부터 도망치고자 몸부림치던 인간은 결국 탈출구를 잃어버린 채 어둠 속으로 빨려 들어가고야 만다.

세 번째 〈합음·팔(合音·臂)〉은 대만의 분룬족달마문화예술단(臺灣布農族達瑪巒文化藝術團)과 미국의 로봇회사 앤디로봇(AndyRobot)이 협업하는 공연이다. 장예모 감독이 '외계인과 원시인의 만남'으로 이름 붙인 이 공연에서는 로봇의 반주에 맞춰 대만의 예술단이 팔부합음(八部合音)이라는 전통민요를 부른다. 앤디로봇은 이 공연을 위해 로봇이 연주할 수 있도록 총 56,700줄의 코드를 만들었다. 음악 연주와 작곡

---

3) 우인(优人)은 오래된 공연자를 의미하며 산고(神鼓)는 마음의 안정을 통해 북을 치면서 이르는 입신의 경지를 의미한다.

을 할 수 있는 기계를 만들기에 이른 오늘날, 인간은 기계를 지휘하는 것처럼 보이지만 인간은 단지 산책자일 뿐일지도 모른다는 새삼스러운 자각을 일깨운다.

네 번째 프로그램 〈융춤·빛〉은 중국의 저명한 경극예술가 구계융(裵繼戎)과 독일의 라이트 컨트롤(Light Control)팀이 함께 했다. 경극이 펼쳐지는 동안 한쪽 편에 놓인 거울(鏡面)로부터 다양한 빛이 반사되어 환상적인 분위기를 연출한다. 빛의 향연 속에 깔끔하고 멋진 구계융의 자태가 등장하고 이내 그의 수염이 커지며 밝은 광휘를 발산한다. 인터넷이 광속으로 발전하는 테크놀로지 시대에 링크를 넘나들면서 '빛'의 그물에 갇힌 사람들의 모습을 그리고 있다.

다섯 번째 〈가서(歌書)·나비〉에서는 중국 운남성의 소수민족인 장족(壯族)의 사랑을 묘사한 전통음악 '파아가서(坡芽歌書)'를 배경으로 터키의 기술회사 에즈라투바(Ezratuba)의 춤추는 모형나비가 등장한다. 중국의 국가무형문화유산으로 지정되어있는 '파아가서(坡芽歌書)'의 아름다움을 첨단기술을 통해 극대화하고 있다.

다음은 〈호자(號子)·염〉이다. 영국의 '아이스 스크린' 기술력을 보유한 도미닉 파라웨이(Dominic Faraway)와 중국의 전통민간예술 '호자' 그리고 현대무용이 결합되었다. '호자'는 300년의 전통을 가진 벌목공간의 소통 방식에서 비롯된 일종의 노동요로 무대에서 공연하는 사람들은 모두 중국 푸젠에서 온 평범한 벌목공들이다. 전통적으로 일하는 동안 사람들은 노동요에서 위안을 받았다. 하지만 현대에는 노동요 대신 '작은 상자' 하나에 의지하게 되었다. 바로 핸드폰이다. 사람들은 이제 기괴하고 신비로우며 없는 것이 없는 이 상자를 향한 치열한 쟁탈전을 펼친다.

시즌 II의 마지막 프로그램 〈추계·운(堆諧·雲)〉은 스위스 출신의 피아노 연주가 루멘 크로노프(Roumen Kroumov)와 티벳의 전통무용팀인 '라쯔퇴해(拉孜堆諧)' 그리고 LED기술이 융합한 무대이다. '라쯔퇴해(拉孜堆諧)'는 티베트 사람들이 즐기는 전통 가무의 일종으로 천 년의 전통을 가지고 있다. 피아노의 선율에 따라 다채롭게 변화하는 LED 빛을 통해 관객들에게 청각과 시각의 공감각적 즐거움을 선사한다.

***

〈대화·우화 2047〉의 시즌III는 2019년 9월 13일, 북경의 국가대극원에서 펼쳐졌다. 8개 국가에서 온 21개의 팀 등 약 500여 명이 출연하여 7개의 새로운 프로그램을 선보였다. 주제와 형식은 지난 시즌들과 유사하다. 다만 지난 시즌보다 환경문제를 보다 부각하고 멀티미디어 시각효과를 더욱 많이 활용했다는 평가이다. 각 프로그램은 〈창서·염(唱書·染)〉, 〈남음·애(南音·愛)〉, 〈승운·진(承雲·陣)〉, 〈꽃이·영(花兒·影)〉, 〈이강·해(彝腔·海)〉, 〈동가·우주(侗歌·宇宙)〉 그리고 〈북·광(鼓·光)〉등으로 명명되었다. 섬북(陝北)의 설서(説書), 경족(京族)의 독현금(獨弦琴) 연주, 동족의 가요(侗族大歌), 생황(笙), 이족의 해채강(海菜腔), 서북민요 꽃(民歌花兒), 천주(泉州)의 남음(南音), 경극 등 세계 인류무형문화유산에 등재된 중국의 전통 민간예술이 주요 소재로 등장했다. 여기에 독일의 비행 물고기, 영국의 행렬등(矩陣燈)을 비롯하여 드론, 로봇, 인공지능, 레이저 등의 첨단기술이 융합된다.

4차산업혁명 기술로 새롭게 태어나는 지역예술

지금까지 장예모 감독이 연출한 〈대화·우화 2047〉의 '시즌 I'부터 '시즌 III'까지를 개략적으로 살펴보았다.

중국 5세대 영화감독의 리더인 장예모 감독은 영화는 물론 베이징 올림픽 개막식, 평창올림픽의 '베이징의 8분', 실경공연 〈인상 시리즈〉에 이르기까지 다양한 분야에서 사람들에게 감동을 선사한 바 있다. 많은 이들에게 장예모 감독의 이미지는 영화 〈붉은 수수밭〉, 〈홍등〉에서 볼 수 있는 붉은색의 토속적 정서에 국한된 것일 수도 있다. 혹 젊은 팬들이라면 〈영웅〉, 〈연인〉, 〈그레이트 월〉 등에서 볼 수 있는 형이상학적 혹은 이상주의적 이미지로 다가올 수도 있다.

하지만 그는 그동안의 성취에 머무르지 않고 새로운 영역에 도전 중이다. 그리고 4차산업혁명 기술과의 접목을 통해 중국인을 비롯한 전 세계인들로 하여금 중국의 소수민족예술에 대한 관심을 다시 한번 불러일으키는 데 성공하고 있다.

물론 〈대화·예언 2047〉 공연이 각 지역의 입장에서 자신의 예술를 진흥하기 위한 목적으로 기획되지는 않았다. 그러나 지역예술의 진흥 관점에서 몇 가지 시사점을 찾기에는 충분하다.

첫째, 지역예술의 세계화를 위한 새로운 방식의 발견이다. 그동안 많은 지역에서 글로컬리즘(Glocalism)을 내세우며 자신의 고유한 문화를 세계화하기 위한 다양한 노력을 경주해 왔다. 하지만 대부분 일시적인 호기심을 유발하는 데 그칠 뿐 지속적인 관심을 유도하는 데 실패했던 것도 사실이다. 지나간 전통의 복원 및 계승은 반드시 필요하다. 하지만 국내외의 향유자를 끌어들이기 위해서는 새로운 시각에서의 조명과 해석이 요구된다. 이때 필요한 것이 장예모 감독의 사례와 같이 4차산업혁명 기술로 불리는 첨단기술과의 융합이다.

둘째, 스토리의 현대적 각색에 의한 지역예술의 확산 가능성이다. 지역예술이 가진 이야기 전체를 그대로 표현하기보다는 그 일부분이나 정서 등 특징을 표현할 수 있는 일부를 드러내고자 의도함으로써 관객의 관심을 끄는 데 성공하고 있다.

셋째, 네트워킹에 의한 지역예술의 전파 가능성이다. 장예모 감독은 공연 제작 시 자신의 의도를 세계에 제시하고 이를 구현할 첨단기술 기업을 모집한다. 이에 지원한 기술기업들은 대부분 경쟁력 있는 첨단기술을 보유하고 있으며, 이는 곧 공연의 질을 높이는데 기여한다. 그러나 보다 큰 효과는 기술적 네트워크를 통해 보다 많은 사람들에게 중국 소수민족의 예술를 전파할 수 있다는 것일 수도 있다.

지역예술의 창조적 혁신을 위하여

지역문화의 진흥을 위해서는 지역 스스로가 주인의식을 가지고 새롭게 지역의 가치를 만들어가는 문화적 패러다임의 전환이 필요하다. 지역이 현재 가진 가치와 자산에 대한 문화적 재발견과 새로운 해석이 요구되는 것이다. 아울러 그 결과를 미래가치로 전환하고 활용하는 방법론을 모색해야 한다.

지역문화의 가치는 장소성·사회성·시간성의 새로운 발현을 통해 구체화된다(조광호, 2015). 먼저 장소성의 발현은 주로 원도심의 문화적 재생과 지역의 유휴공간에 대한 문화적 활용을 통해 이루어진다. 이는 문화적 장소를 만드는 새로운 패러다임이자 창조적 시도를 의미한다. 지역에서 지금까지 버려지고 방치됐던 빈 공간이 문화적인 사람의 창조적 시도와 활동으로 재활성화되고 새로운 문화를 만드는 지역문화의 장소플랫폼으로 재창조되는 것이다.

사회성의 발현은 지역의 인적자원에 대한 가치인식의 변화와 재창조로부터 시작된다. 문화적 의지를 가진 사람들을 발견하고 그들 간의 만남을 통해 새로운 지역문화의 창발성이 구현된다.

마지막으로 이 글에서 다루려는 시간성의 발현이다. 이는 지역의 역사와 문화가 시간 속에 잠재된 박물의 형태가 아니라 지역의 미래를 위해 기능하는 살아있는 지속가능한 콘텐츠로서 활용하는 동시대적 접근방법을 의미한다. 시간성의 발현으로 지역이 가진 과거의 가치와 현재 지역민의 삶의 가치가 만나 동시대적으로 살아난다. 아울러 지역의 미래가치를 만들어가는 동시대적 문화콘텐츠 활용전략이 만들어진다(조광호, 2015).

시간성의 새로운 발현은 결국 전통문화의 창조적 계승으로 귀결된다. 그 지역이 가진 차별화된 특성이야말로 외지인의 관심을 불러일으켜 관광을 활성화하고 지역의 산업적 기반을 확충하는 요체이다. 뿐만 아니라 지역에 대한 주민의 애착도 커지게 한다. 지역적 특성과 자원에 기반한 문화다양성의 추구야말로 빠른 변화와 함께 세계화가 가속화되는 현대사회에서 요구되는 사회적 가치이자 지속가능한 발전의 동력이다(정호경·이종호, 2017).

4차산업혁명에 관한 담론이 사회 전 분야에 걸쳐 확산일로에 있다. 문화 혹은 예술 분야도 예외는 아니다. 인공지능 예술가의 등장, 3D 프린팅에 의한 문화민주주의의 확대, 가상현실, 증강현실 혹은 혼합현실을 통한 실감형 콘텐츠의 확산, 블록체인기술에 의한 유통 구조의 변혁... 4차산업혁명의 주요 기술은 문화예술 분야의 창제작-유통-소비 등 생태계 전반에 걸쳐 급격한 변화를 촉진하고 있다. 최근의 영화적 상상력이 현실이 되는 양상은 거의 대부분 4차산업혁명을 촉발하는 첨단기술들에 의해 일어나는 변화들이다.

장예모 감독의 〈대화·예언 2047〉 시리즈는 바로 이러한 시대적 흐름에 맞춰 전통문화를 재해석하며 지역문화의 새로운 가능성을 모색하는 대장정(大長征)의 시작이라고 할 수 있다. 우리가 인상 시리즈를 벤치마킹하기 위해 계림, 운남, 복건 등지로 몰려가는 사이, 한편에서는 지역예술의 새로운 길이 4차산업혁명 기술에 의해 열리고 있다. 우리에게도 4차산업혁명 기술과 예술의 융합을 선도하는 지자체가 많이 나오길 기대해 본다.

참고문헌

◎ 서문

김선영(2017). "공연예술산업의 유통기반 AHP분석 및 활성화방안 연구",
　　경희대 박사학위논문.

김선영(2018). 『예술로 읽는 4차산업혁명』, 서울: 별출판사.

박상숙(2012). "디지털 뉴미디어아트의 상호작용성에 관한 연구", 『인문과학연구』,
　　30, 315-343.

박영욱(2008). "디지털 예술에서 몰입의 의미", 『인문콘텐츠』, 11, 51-69.

신성열(2011). "현대미술의 대중매체성과 예술철학적 의미", 『인문과학연구』,
　　30, 277-300.

아놀드 하우저(1983). 『예술의 사회학』, 최성만·김병진 역, 서울: 한길사.

아서 단토(2004). 『예술의 종말 이후』, 이성훈·김광우 역, 서울: 미술문화.

에른스트 피셔 외(1985). 『예술의 새로운 시각』, 정경임 역, 지양사.

유승호(2019). 『스타벅스화』, 서울: 따비.

이보아(2018). 『박물관 테크놀로지』, 서울: 김영사.

임학순 외(2010). 『디지털 미디어 발전에 따른 문화예술 환경 분석 및 정책적 대응
　　방안 연구』, 서울: 한국문화관광연구원.

진중권(2010). 『현대미학강의』, 파주: 한영문화사.

김용래. "구글, 파리서 인공지능 활용 문화프로젝트 3선 공개", 연합뉴스, 2018.3.8.
　　https://www.yna.co.kr/view/AKR20180308000300081?input=1195m.

◎ 1장

곰브리치(1991). 『서양미술사(상)』, 최민 역, 서울: 열화당.

박우찬(2017). 『미술, 과학을 탐하다』, SJ소울.

박은실(2018). 『문화예술과 도시』, 서울: 정한책방.

박정원·손승연(2010). "진성 리더십이 창의성에 미치는 영향", 『인적자원관리연구』,
　　23(4), 15-34.

배철현(2016). 『심연: 나를 깨우는 짧고 깊은 생각』, 21세기북스.

이브 미쇼(1999).『예술의 위기』, 동문선.

임석재(2018).『극장의 역사』, 서울: 이화여자대학교출판문화원.

임성훈(2009). "예술, 아는 만큼 보이는가?",『인물과 사상』, 82-90.

프리드리히 니체(2007).『비극의 탄생』, 박찬국 역, 아카넷.

하위징아(2010).『호모루덴스』, 이종인 역, 서울: 연암서가.

매일경제(2017), "[최은수 기자의 미래이야기] 피카소, 렘브란트의 부활…
    '로봇 화가'가 온다", 〈https://www.mk.co.kr/opinion/columnists/view
    /2017/02/100735/(2019.12.10. 검색)〉.

한겨레(2015), "인공지능 작곡, 비틀즈 넘을 수 있을까", 〈http://www.hani.co. kr
    /arti/culture/music/694295.html#csidx2f9107548b1a0d3a8a91bd46a91e
    1a5 ", (2019.12.10. 검색)〉.

◎ 2장

http://www.lgblog.co.kr/lg-story/lg-product/141995. 2019.2.26. 검색.

http://100.daum.net/encyclopedia/view/124XX73300006. 2018.11.19. 검색.

LG Blog(2019). "이제는 '보는 인공지능이다! 인공지능AI) 이미지 인식의 모든 것".

Morgan Trailer(2016). "인공지능 소재 영화 '모건 예고편, AI가 만들다". 연합뉴스.

Ting-ting Chang(2016). "무용과 멀피미디어 협업에 대한 미학과 융합적 속성",
    2016 한양대학교 제10회 우리춤연구소 국제학술대회 〈융복합교육시리즈Ⅰ〉
Art&Technologe 융복합 교육과 실천을 위한 미래담론, 3-13.

TTA정보통신용어사전. http://100.daum.net/encyclopedia/view/55XXXXX
    15608. 2019.2.26. 검색.

Vadim S. Rotenberg(2013). "Moravec's Paradox: Consideration in the Context
    of Two Brain Hemisphere Functions. Activitas Nervosa Superior, 55(3),
    108-111.

http://dic.daum.net/word/view.do?wordid=kkw000207015&supid=kku000
    263316. 2018.11.19. 검색.

구본권(2018). "운동·감각능력 로봇에 '모라베크 역설' 붕괴?…인간 고유성 질문".

한겨레 경제IT. http://www.hani.co.kr/arti/economy/it/866715.html#csidx8
    b9ec03b8b0b761b779d5aeb112eed6. 2018.10.18. 검색.

김대식(2016).『인간 vs 기계』, 서울: 동아시아.

김선영(2018). 『예술로 읽는 4차산업혁명』, 서울: 별출판사.

http://100.daum.net/encyclopedia/view/47XXXXXd1073. 2019.2.27.검색.

http://100.daum.net/encyclopedia/view/47XXXXXd1151. 2019.2.26.검색.

http://100.daum.net/encyclopedia/view/47XXXXXd832. 2018.11.19. 검색.

http://100.daum.net/encyclopedia/view/b18a0972a. 2018.11.19. 검색

http://100.daum.net/encyclopedia/view/b19j0477a. 2019.2.26.방문

더굿북(2017). "05. 인간의 마지막 발명, 인공지능".

발로그 한경(2016). "인공지능이 쓴 소설 '컴퓨터가 소설을 쓰는 날'". IDEA와 문학.

수잔 K 랭거(1982). 『예술이란 무엇인가』, 이승훈 역, 서울:고려원

스타트업4. http://www.startup4.co.kr. 2019.2.25. 검색.

엄태웅(2018). 『청소년이 꼭 알아야할 과학이슈 4』, 동아엠앤비.

오율자(2018). 『철학과 함께 춤을』. 서울: 북마크.

우리말 샘. opendict.korean.go.kr. 2019.2.20. 검색.

https://ko.wikipedia.org/wiki/%EC%A0%9C4%EC%B0%A8_%EC%82%B0%
EC%97%85%ED%98%81%EB%AA%85. 2018.11.19. 검색.

유니디니(2018). "GAN(Generative Adversarial Network)의 이해".

이정미(2017.3.20). "4차산업혁명시대, 문화예술의 변화와 전망". 대문 기획특집#2.

이종관(2017). 『포스트휴먼이 온다』, 고양시: 사월의책.

이종철(2014.10). "이미지 인식 기술로 구글 잡는다 클디 백승욱 대표.". 월간 DI, vol 178.

장준혁(2018). "새로운 인공지능 기술 GAN① – 스스로 학습하는 인공지능". 삼성SDS.

존 듀이(2003). 『경험으로서의 예술』, 이재언 역, 서울: 책세상

첫 번째 펭귄 (2016). "사람보다 노래 잘하는 '로봇 가수'가 온다".

최병학(2018). "포스트휴먼 시대의 예술–기술적 상상력과 딥드림, 그리고 '새개념 미술'", 『철학논총』, 92(2), 283–301.

한국포스트휴먼연구소(2015). 『포스트휴먼 시대의 휴먼』, 서울: 아카넷.

한상갑(2018). "세계 최초 로봇 출연 오페라, 대구오페라하우스서 만난다". 매일경제.

호요오페라컴퍼니(2015). "독일 코마쉐 오페라 극장 무대에 오른 미온... 오페라 로봇 으로 불야 할까? 오페라 가수로 불러야 할까?".

David Autor(2014), "Polanyi's Paradox and the Shape of Employment Growth", Nber Working Paper Series, Cambridge: National Bureau of Economic Research.

◎ 3장

김광수·심혜련 외(2012), 『과학기술과 문화예술』, 파주: 한국학술정보.

김선영(2018). 『예술로 읽는 4차산업혁명』, 서울: 별출판사.

루이스 멈포드(2011). 『예술과 기술』, 박홍규 역, 서울: 텍스트.

박노영·김경수(2018), "『간접접근』개념의 최소저항접근로 탐색을 위한 초소형 자율
무인기 군집비행(Swarming)에 관한 연구", 『한국군사학논집』, 74(1), 1-31.

신명진, "스타워즈 광선검 현실로...디즈니 특허 출원", IP노믹스, 2016.8.24.
(http://www.etnews.com/20160823000410).

신성환(2018), "디지털 환경의 감시와 역감시 현상에 대한 고찰-영화 〈감시자들〉과
〈아이 인 더 스카이〉를 중심으로", 『현대영화연구』, 14(2), 221-259.

오타베 다네히사(2011). 『예술의 역설-근대 미학의 성립』, 김일림 역, 파주시: 돌베개.

태혜신(2017), "로이 에스콧의 테크노에틱 아트(Technoethic Arts)와 세계예술양상",
『한국무용과학회지』, 34(4), 83-93.

홍성욱 외(2010). 『예술, 과학과 만나다』, 서울: 이학사.

◎ 4장

강준영(2018). "한국춤과 ICT 기술융합의 현황과 비전연구", 『문화와 융합』, 40(1),
127-130.

고내현(2018). "'아트 서커스'에 나타난 공연자의 자기표현적 퍼포먼스 – 다니엘 핀지
파스카 연출의 〈라 베리타(La Verita)〉를 대상으로", 『공연예술연구』, 6, 87-90.

권성현(2018). "드론에 관한 형사법적 쟁점 연구", 서울대학교 대학원 석사학위논문.

김선영(2018). 『예술로 읽는 4차산업혁명』, 서울: 별출판사.

김용희(2010). "생태예술의 지형그리기 : 대지예술, 환경예술, 자연예술과의 관계를
중심으로", 『기초조형학연구』, 11(5), 75-87.

돈 아이디(1998). 『기술철학』, 김성동 역, 서울: 철학과현실사.

마샬 맥루언(1997). 『미디어의 이해』, 박정규 역, 서울: 커뮤니케이션북스.

송재두(2018). "드론시장의 확대와 DJI의 성공요인", 『한국융합인문학』, 6(4), 55-85.

신정아(2010). "퀘백과 태양의 서커스 : 새로운 서커스 미학을 위하여", 『프랑스문화
예술연구』, 34, 549-579.

심혜련(2012). 『20세기의 매체철학』, 서울: 그린비.

아서 단토(2015). 『무엇이란 예술인가』, 서울: 은행나무.

안명석(2008), "불꽃축제의 현황과 향후 발전방향", 『대한화약발파공학회 학술대회 논문집』, 119.

엘리안 스트로스베르(2001), 김승윤 역, 『예술과 과학』, 서울: 을유문화사.

윤지영(2016), "법집행기관의 드론 이용에 관한 법적 쟁점과 입법적 개선 방안", 『형사법의신동향』, 51, 111.

이선형(2016), 『탈중심 공간 미학 – 윌리엄 포사이즈〈헤테로토피아〉를 중심으로", 『경계를 넘는 공연예술』, 파주: 태학사.

이장철(2017), "축제 유료화가 축제 만족과 지역 발전에 미치는 영향: 부산불꽃축제를 중심으로", 경희대학교 대학원 박사학위논문.

이종호(2018), 『4차산업혁명과 미래 신성장동력』, 서울: 진한엠앤비.

전병태(2013), "예술분야 융합 트렌드 및 지원방안 연구 – 예술과 과학의 융합을 중심으로 –", 한국문화관광연구원.

전용석(2016), "공연장 무대공간 구성요소의 특성에 관한 연구–국내 프로시니엄 형식의 무대를 중심으로", 『한국실내디자인학회 논문집』, 25(4), 68–79.

조상덕·김은희(2017), "드론산업의 경제적 파급효과 분석 – 산업연관분석을 중심으로 –", 『한국항공경영학회지』, 15(6), 19.

진정희·이귀봉(2016), "무인기/드론의 이해와 동향", 『한국통신학회지』, 33(2), 80–85.

진중권(2006), 『삼인삼색 미학오디세이 3』, 서울: 휴머니스트.

최선주(2019), 『특이점의 예술』, 서울: 스리체어스.

최수정·유진형(2008), "대지미술에서 해석한 공간적 요소의 조경활동 접목에 관한 연구", 『기초조형학 연구』, 9(5): 586–587.

토마스 쿤(2013), 『과학혁명의 구조』, 홍성욱 역, 서울: 까치글방.

허슬기(2007), "3인의 작업을 통해 본 대지예술과 사진표현", 중부대학교 대학원 석사학위논문, 3–5.

홍성욱·김용석·이원곤·김동식·김진엽(2007), 『예술, 과학과 만나다』, 서울: 이학사.

국제신문(2016), "불꽃놀이의 역사", 〈http://www.kookje.co.kr/news2011/asp/newsbody.asp?key=2016 1021.22019194117(2019. 6. 10. 검색)〉.

동아사이언스(2019), "2015년 'MAMA'에서 선보인 드론 6대 '칼 군무' 기술 비밀은...", 〈http://news.donga.com/3/all/20160205/76328385/1(2019. 5. 14. 검색)〉.

디지털타임즈(2019), "국산 드론 100대로 3·1절 기념 군집비행 성공", 〈http://www.dt.co.kr/etc/article_print.html?article_no=20190226021015317317001(2019. 5. 14. 검색)〉.

매일경제(2018), "[기고] 4차산업혁명과 예술의 결합 '컬처웨어'", 〈https://www.mk.co.kr/opinion/contributors/view/2018/02/120884(2019. 6. 8. 검색)〉.

서울파이낸스(2019), "11분간 아파트 3채 비용…롯데월드타워 불꽃축제, 효과는?", 〈http://www.seoulfn.com/news/articleView.html?idxno=341961 (2019. 6. 5. 검색)〉.

아나드론스타팅(2019), 〈https://m.post.naver.com/viewer/postView.nhn?volumeNo=1 8246482&memberNo=15525599&vType=VERTICAL(2019. 5. 14. 검색)〉.

조선일보(2018), "평창의 밤하늘 우리 드론은 왜 날지 못했나", 〈http://biz.chosun.com/site/data/html_dir/2018/02/26/2018022602774.html (2019. 6. 7. 검색)〉.

테크M(2018), "[테크M리포트] 드론, 새로운 예술을 꿈꾸다",〈http://techm.kr/bbs/board.php?bo_table=article&wr_id=5224(2019. 5. 10. 검색)〉.

한국경제(2018), "끝나면 늘 2% 아쉬운 불꽃쇼… 평창은 100점 주고 싶은 인생작품", 〈https://www.hankyung.com/sports/article/2018030134021(2019. 6. 5. 검색)〉.

헤럴드경제(2017), "[바람난과학] 밤하늘 수놓은 별빛?…'드론 불빛쇼'입니다", 〈http://news.heraldcorp.com/view.php?ud=20170210000602(2019. 5. 21. 검색)〉.

안산국제거리극축제(2019), 〈https://blog.naver.com/asafestival(2019. 5. 30. 검색)〉.

Activate Tech & Media Outlook(2018), 〈https://www.slideshare.net/ActivateInc /activate-tech-media-outlook-2018〉.

◎ 5장

칸바야시 츠네미치 외(1994). 『예술학 핸드북』, 김승희 역, 서울: 지성의 샘.

동아사이언스(http://http://dongascience.donga.com/news.php?idx=12053, 자료검색일 2019.7.20.)

◎ 6장

김선영·이의신(2013). "4차 산업혁명시대의 아시아문화전당 발전 방안", 『한국과

학예술포럼』, 33, 41-55.

발터 벤야민(2017). 『기술적 복제시대의 예술작품』, 심철민 역, 서울: 도서출판 b.

신승철(2013). "생명윤리의 저편? 바이오 아트의 비판적 실천", 『현대미술사연구』, 33, 167-198.

아서 단토(2017). 『무엇이 예술인가』, 김한영 역, 서울: 은행나무.

전혜숙(2012). 유토피아와 디스토피아의 경계-바이오아트와 생명개입.

전혜숙(2013). "미디어의 측면에서 본 바이오아트", 『현대미술사연구』, 34, 243-273.

전혜숙(2018). "에두아르도 카츠(Eduardo Kac)의 '새로운 생태'에 관한 연구: '바이오봇'과 유전자이식 미술을 중심으로", 『서양미술사학회논문집』, 37, 329-351.

톨스토이(1988). 『예술이란 무엇인가』, 서울: 범우사.

https://terms.naver.com/entry.nhn?docId=1145687&cid=40942&categoryId=32708.

https://fineart.ac.uk/works.php?imageid=bt0005

◎ 7장

루시-스미드(1990). 『현대미술의 흐름』, 김춘일 역, 서울: 미진사.

발터 벤야민(2017). 『기술적 복제시대의 예술작품』, 심철민 역, 서울: b.

움베르토 에코(2005). 『미의 역사』, 이현경 역, 파주: 열린책들.

조지 디키(1990). 『예술사회』, 김혜련 역, 서울: 문학과지성사.

매일경제(2018), "[커버스토리] 뿌리칠 수 없는 명작들의 유혹", 〈https://www.mk.co.kr/news/culture/view/2010/11/622337/ (2019. 6. 7. 검색)〉.

◎ 8장

성열홍(2018). 『신화와 브랜드 모티브』, 서울: 커뮤니케이션북스.

토마스 벌핀치(2000). 『그리스 로마 신화』, 이윤기 역, 서울: 창해.

가스통 바슐라르(2004). 『촛불의 미학』, 이가림 역, 서울: 문예출판사.

◎ 9장

진중권(2010). 『진중권의 현대미학 강의-숭고와 시뮬라크르의 이중주』, 파주: 아트북스.

◎ 10장

https://blog.naver.com/lamusi/220292919199.

권병웅·김선영(2015). 『하이퍼컬처와 문화콘텐츠』, 서울: 소나무숲.

남상식 외(2017).『경계를 넘는 공연예술 : 상호매체성과 새로운 지각의 파노라마 』, 파주: 태학사.

보들리야르(2017).『시뮬라시옹』, 하태환 역, 서울: 민음사.

신승철(2013). "생명윤리의 저편? 바이오 아트의 비판적 실천", 『현대미술사연구』, 33, 167-198.

심혜련(2006). "예술과 기술의 문제에 관하여 : 벤야민과 하이데거의 논의를 중심으로", 『시대와 철학』, 17(1), 7-37.

아리스토텔레스(2010). 천명희 역,『시학』, 서울: 문예출판사.

임석재(2018).『극장의 역사: 건축과 연극의 사회문화사』, 서울: 이화여자대학교 출판문화원.

정동암(2013).『미디어아트』, 서울: 커뮤니케이션북스.

피에르 레비(2000),『사이버 문화』, 김동훈·조준형 역, 서울: 문예출판사.

◎ 11장

남상식 외(2017),『경계를 넘는 공연예술』, 파주: 태학사.

커넥팅랩(2019),『모바일 트렌드 2019』, 서울: 미래의창.

김희정·김재준(2017),『명곡의 숨은 이야기』, 서울: 아트라이프.

◎ 12장

강경화, 최희성, 이시원(2017). "지역문화정책 거버넌스의 수준 및 활성화 요인에 관한 연구: 경남의 비영리민간단체 종사자의 인식을 중심으로", 지방정부연구, 21(2).

고대유, 박재희(2017). "감염병 재난 거버넌스 비교연구 – 사스와 메르스 사례를 중심으로", 한국정책학회보, 27(1).

공용택(2011). "도시과 기업의 민관협력 문화마케팅 구조에 관한 탐색적 연구", 성균관대.

김복수 외(2003).『문화의 세기, 한국의 문화정책』, 보고사.

김승환·황은주(2010).『정부와 공동체의 협치 사례연구』, 한국법제연구원.

김영미(2017). "빅 데이터를 활용한 재난안전 거버넌스 구축해야", 월간 공공정책, 144.

김용철, 윤성이(2005). 전자 민주주의: 새로운 정치패러다임의 모색, 오름.

김현철(2018). "문화기반시설 구축을 위한 기업과 도시간 협력적 거버넌스의 성공 요인 연구", 성균관대.

김형양(2006). "로컬 거버넌스(Local Governance) 형성의 영향요인에 관한 연구", 지방정부연구 10(1), 181-203.

니콜라스 디폰조(2008). 『루머 심리학』, 신영환 역, 한국산업훈련연구소.

류정아(2012). 지역문화 정책분석 및 발전방안, 한국문화관광연구원.

류지성, 김영재(2010). "한국역대정부의 거버넌스 유형 분석에 관한 연구" 한국행정사학지 27, 163-196.

명승환(2015). 『스마트 전자정부론』, 율곡출판사.

명재진(2018). "헌법 개정화 협치 정부", 충남대학교 법학연구 29(3), 11-48.

문정욱(2018). "정보화가 행정적 거버넌스에 미치는 영향: 다국가 비교 분석", 한국지역정보화학회지 21(3), 45-77.

문태현(2004). "지역혁신을 위한 문화정책 거버넌스의 성공요인분석", 한국행정학회 학술발표논문집 2004(10), 400-418.

문화관광부(2005). 2005 전국문화기반시설총람, 문화관광부.

문화체육관광부(2017). 2017전국문화기반시설총람, 문화체육관광부.

박광일(2018), 『행정의 미래』, 렛츠북.

박규홍(2011). "지역문화 거버넌스의 성공 요인", 한국거버넌스학회 2011(6), 127-133.

박치성, 정창호, 백두산(2017). "문화예술지원체계 네트워크 거버넌스에 대한 탐색적 연구", 한국정책학회보론 26(3), 271-307.

송경재(2007). "지방정부 e-거버넌스 구축과 시민참여 전자 민주주의 가능성", 담론 201 9(4), 105-139.

송경재, 장우영, 조인호(2018). "빅데이터 거버넌스의 가능성과 과제에 관한 탐색", 사회이론 53, 153-186.

안문석(2002). 『정부와 기업 그리고 시민사회』, 박영사.

안지언, 김보름(2018). "문화적 도시재생으로 협력적 거버넌스의 가치와 인식에 대한 질적 연구: 성북문화재단 공유원탁회의와 신림예술창작소 작은따옴표 사례를 중심으로", 인문사회21 9(4), 394-364.

옥진아, 조무상(2015). "빅파이센터 역할 및 거버넌스 운영방안", 정책연구, 1-153.

우양호(2013). "지역사회 다문화 정책의 문제점과 발전방향: 해항도시 부산의 '다문화 거버넌스' 구축사례", 지방정부연구 17(1), 393-418.

유발 하라리, 재레미 다이아몬드 외(2019). 『초예측』, 웅진지식하우스.

유승호(2012). 『당신은 소셜한가?-소셜미디어가 바꾸는 인류의 풍경』, 삼성경제연구소.

유창근, 임관혁(2010), "지역사회자본, 지역혁신체계(RIS)와 관광거버넌스와의 영향관계연구-강원지역을 중심으로", 관광경영연구 43, 159-180.

유현종, 정무권(2016). "한국 사회적 경제 거버넌스와 지역발전", 지역발전연구 27(2), 33-82.

이동규(2016). "재난관리 예측적 거버넌스 시스템 구축을 위한 시론적 검토", Crisisonomy 12(2), 35-52.

이명석(2002). "거버넌스의 개념화: '사회적 조정'으로서의 거버넌스", 한국행정학보 36(4), 321-338.

이성훈(2014). "융복합 시대의 사물인터넷에 관한 연구", 디지털융복합연구 12(7), 267-272.

이승종(2005). "참여를 통한 정부개혁: 통제적 참여방식을 중심으로", 한국공공관리학보 19(1), 19-39.

임광현(2015). "정부 3.0 성공가능성에 대한 정책과정과 e_거버넌스의 영향력 차이 분석", 한국정부학회 학술발표논문집 2015(9), 180-204.

전주희(2018). "협력적 거버넌스에서 문화예술단체의 참여", 성균관대 박사학위 논문.

정규호(2010). "지속가능성을 위한 사회제도혁신의 필요성과 거버넌스의 전략적 함의", 한국 환경사회학연구 ECO 2, 9-32.

정인희(2010). "로컬거버넌스 관점에서 본 광역자치단체 장소마케팅의 운영과정분석", 한국공 한국거버넌스학회 학술대회자료집 2010(10), 29-54.

정정길 외(2017). 『새로운 패러다임 행정학』, 대명출판사.

조성은, 이시직(2015). 『빅데이터 시대 개인 행태 정보 수집 및 활용에 대한 정책연구』, 정보통신정책연구원.

조완섭(2017). "빅데이터 거버넌스와 표준화 동향", OSIA Standards & Technology Review 30(2), 26-29.

조화순, 조은일(2015). "빅데이터 정책과 새로운 기술 거버넌스의 모색", 국가정책연구 29(2), 1-21.

존 피에르·가이 피터스(2003). 『거버넌스, 정치 그리고 국가』, 정용덕 외 역, 서울: 법문사.

주성수(2005). 『공공정책 거버넌스』, 서울: 한양대학교 출판부.

팀 올라일리 외(2012). 『열린 정부 만들기』, CC코리아 자원활동가 역, 서울: 에이콘.

최영출(2004). "로컬 거버넌스의 성공적 구현을 위한 정책과제: AHP 방법론의 적용", 지방행정연구 18(1), 19-50.

함유근(2017). 『이것이 빅데이터 기업이다』, 삼성경제연구소.

허범(1988). 『행정학개론』, 대영문화사.

Kamin, M. A. et al.(1997). "Consumer Responses to Rumers: Good News, Bad News", Journal of Consumer Psychology 6(2), 165-187.

Shergold, P.(2008). Governing through collaboration. Collaborative Governance : A new era of public policy in Australia?. Canberra: ANU Press.

Thomas, J. C., Streib, G.(2005). "E-Democracy, E-Commerce, and E- Research : Examing the Electronic Ties Between Citizens and Governments", Administration & society 37(3), 237-249.

Tony Bovaird, Elke Löffler(2003). "Evaluating the Quality of Public Governance : Indicators, Models and Methodologies", International Review of Administrative Sciences 69(3), 34-49.

유상진(2019.1.7.). 지역 문화의 터전이 풍부해지길 바라며, 지역문화진흥원.

한승호(2015.6.9.). 마원 "세상은 지금 IT시대에서 DT시대로 가고 있다", 연합뉴스. https://terms.naver.com/entry.nhn?docId=729677&cid=42140&categoryId=42140, 2019.3.16. 검색.

◎ 13장

게오르그 짐멜(2005), 김덕영·윤미애 역, 『짐멜의 모더니티 읽기』, 서울: 새물결.

볼터 & 그루신(2006). 『재매개: 뉴미디어의 계보학』, 이재현 역, 서울: 커뮤니케이션북스.

빅토리아 D. 알렉산더(2006). 『예술사회학』, 최샛별·한준·김은하 역, 파주: 살림.

시릴 모라나·에릭 우댕(2010). 한의정 역, 『예술철학』, 고양: 미술문화.

에릭 블린욜프슨·앤드류 맥아피(2014). 『제2의 기계시대』, 이한음 역, 서울: 청림출판.

요한 하위징아(2010). 이종인 역, 『호모 루덴스』, 고양: 연암서가.

유발 하라리(2015). 조현욱 역, 『사피엔스』, 파주: 김영사.

D. J. Haraway(1991). 『Simians, Cyborgs, and Women : The Reinvention of Nature』, New York: Routledge.

◎ 14장

홍익표·이종서(2012), EU의 정치·경제통합을 위한 도시차원의 전략: '유럽문화수도 프로그램'을 중심으로, 『EU연구』, 32, 129-161.

사사키 마사유키(2009). 『창조하는 도시(創造都市への挑戰)』, 정원창 역, 서울: 도서출판 소화.

앙리 르페브르(2011). 『공간의 생산』, 양열란 역, 에코리브스.

조광호(2015), "2015년, 지역문화 진흥의 원년을 위해", 『월간 공공정책』, 111, 35-39.

https://www.yna.co.kr/view/AKR20180517082651009?input=1195m

http://korean.cri.cn/2580/2017/06/22/1s248065.htm

http://www.iybrb.com/civ/content/2017-07/06/28_56000.html

张璐.当艺术遇见科技:在交汇中走向和谐： 评张艺谋新作《对话·寓言2047》[J].艺术评论,2017(07):47-51.

https://baike.baidu.com/item/%E5%AF%B9%E8%AF%9D%C2%B7%E5%AF%93%E8%A8%802047%E7%AC%AC%E4%BA%8C%E5%AD%A3/22608094?fr=aladdin

https://www.douban.com/location/drama/review/9564748/

http://ent.people.com.cn/GB/n1/2019/0913/c1012-31352643.html

4차산업시대, 예술의 길

초판 1쇄 · 2020년 4월 15일

지은이 · 김선영
제 작 · ㈜봄봄미디어
펴낸곳 · 봄봄스토리
등 록 · 2015년 9월 17일(No. 2015-000297호)
전 화 · 070-7740-2001
이메일 · bombomstory@daum.net

ISBN 979-11-89090-34-0(03320)
값 16,000원